Ingrid Dröse/Lorenz Weiß

Lernen lernen – Lernen lehren

Praktische Unterrichtsvorschläge für die Grundschule

Band 1

Auer Verlag GmbH

Also lautet ein Beschluss,
dass der Mensch was lernen muss.
Nicht allein das Abc
bringt den Menschen in die Höh';
nicht allein im Schreiben, Lesen
übt sich ein vernünftig Wesen.
Nicht allein in Rechnungssachen
soll der Mensch sich Mühe machen.

Auch das „Lernen lernen" lehren
soll man mit Vergnügen hören.
Ausprobiert und reflektiert
lernt es sich ganz ungeniert.

Lorenz Weiß
in Anlehnung an Wilhelm Busch

Gedruckt auf umweltbewusst gefertigtem, chlorfrei gebleichtem
und alterungsbeständigem Papier.

1. Auflage. 2003
Nach der Neuregelung der deutschen Rechtschreibung

Gesamtherstellung: Ludwig Auer GmbH, Donauwörth
ISBN 3-403-0**3685**-5

Inhaltsverzeichnis

I. Vorwort

Abschied vom Nürnberger Trichter

Möglichst „viel im Kopf behalten" können ist wohl einer der großen Träume von Lernenden. Der *Nürnberger Trichter*, verstanden als das direkte *Eintrichtern* des Lernstoffes in das Gehirn der Schülerinnen und Schüler, würde mühseliges Erarbeiten sowie Leistungserhebungen überflüssig machen und große Arbeitserleichterung für Lernende und Lehrende bedeuten.
Heute wissen wir sehr genau, dass Lernen nicht in dieser vereinfachten Form gesehen werden kann. Vielmehr ist Lernen ein aktiver Rezeptionsprozess und gerade in der Schule für die meisten Lernenden ein mit Anstrengung verbundener Bereich.
Lernen lernen soll die steinige Straße des Wissenserwerbs ebnen. Die Reflexion von Verhaltensgewohnheiten und Vorgehensweisen steht dabei für den Lernenden im Mittelpunkt.
Das Üben und Trainieren von Verhaltensmöglichkeiten weisen **dem Lernenden** den Weg zum autonom Lernenden. Lernen wird mit Lernstrategien nicht mühelos, das Aneignen, das Behalten und die Wiedergabe von Lerninhalten werden jedoch erleichtert. In der gemeinsamen Reflexion kann eine Sensibilisierung für verschiedene Lernmöglichkeiten erreicht werden.
Angesichts der Entwicklungen in den gesellschaftlichen und sozialen Bereichen wird „Lernen lernen" zur fächerübergreifenden Bildungs- und Erziehungsaufgabe.
Für den Lehrenden geht es deswegen darum, die von ihm nach bestimmten Kriterien ausgewählten Lernstrategien für den Unterricht der Grundschule abzusichern, lerntheoretisch zu begründen und für die Schüler angemessen aufzubereiten, um sie im Folgenden zu vermitteln, einzutrainieren und zu reflektieren.
Die vorliegenden Bände „Lernen lernen – Lernen lehren" bieten eine Zusammenstellung kindgemäßer Lernstrategien, die für den Unterricht der Grundschule aufbereitet wurden, jedoch auch in den Jahrgangsstufen 5 bis 7 gut einsetzbar sind.

Band 1 beinhaltet Strategien zur Heft- und Mappenführung, zur mündlichen Mitarbeit, zur Arbeitsplatzgestaltung, zum Erledigen der Hausaufgaben, gesunder Ernährung sowie eine kombinierte Markierungs- und Merktechnik (Lern-Drei-Sprung).
Die Fünf-Finger-Regel zum besseren Behalten von Lernstoff fasst diese einzelnen Strategien mnemotechnisch sinnvoll mit begleitenden Gesten und ergänzenden Sätzen zusammen.
Den Abschluss des ersten Bandes bildet eine Unterrichtssequenz, in der die Lernenden ihre vorhandenen Strategieerfahrungen reflektieren und anwenden können (Ich bin dein Lernberater) sowie ein Vorschlag für eine Lernzielkontrolle.
Band 2 umfasst den Bereich der Klassenarbeiten. In Bezug auf die Lernstrategien werden diese hinsichtlich des zeitlichen Ablaufes unterteilt, und zwar in das Verhalten *vor* sowie *direkt vor und während* Klassenarbeiten und das Verhalten bei der *Rückgabe* von Klassenarbeiten. In diesem Kontext wird auch auf den Umgang mit Angst eingegangen. Hinweise zu Lerntippreferaten der Kinder runden diesen Band ab.
Im **Kapitel II Theoretische Grundlegung** finden Sie einen kurzen übersichtlichen Leitfaden zum Lehren des *Lernen-Lernens*. Der Begriff *Lernen lernen* wird geklärt und klassifiziert. Mit Hilfe eines Artikulationsmodells zur Vermittlung von Lernstrategien wird der Ansatz des *„Lernen-Lernen"*-Lehrens für den Unterricht in der Grundschule konkretisiert und durch die Formulierung von Zielstellungen für einen lernstrategievermittelnden Unterricht ergänzt.
Im **Kapitel III Unterrichtspraktische Konkretisierung** werden Unterrichtsbeispiele aufgezeigt, die speziell auf die Bedürfnisse und Fähigkeiten von Kindern der dritten und vierten Jahrgangsstufe abgestimmt sind und von uns mehrfach erfolgreich durchgeführt wurden. Ein Vorschlag für eine zeitliche Verteilung der Lernmethodikbausteine befindet sich auf S. 20.

Viel Erfolg beim Lehren des *Lernen-Lernens* wünschen
Ingrid Dröse und Lorenz Weiß

Kontakt: lernenlernen@konstantins-freunde.de

II.
Theoretische Grundlegung

1. Das Lehren von Lernstrategien auf einen Blick
2. Lernen lernen – Begriffsklärung und Klassifikation
3. Ansatz des Lernen-Lernens
4. Begründungen für das Lehren von Lernstrategien
5. Kriterien zur Auswahl von Lernstrategien
6. Das Lehren von Lernstrategien im Unterricht der Grundschule
7. Weitere Aufmerksamkeitsrichtungen bei der Vermittlung von Lernstrategien
8. Zusammenarbeit mit den Eltern

1. Das Lehren von Lernstrategien auf einen Blick

Dieses Artikulationsmodell ist *kein* Artikulationsschema für eine 45-minütige Unterrichtszeiteinheit. Vielmehr sind die einzelnen Schritte Teile einer zum Teil *über Wochen* andauernden Unterrichtssequenz.

1. Einführung der Lernstrategie

Erfassen des (individuellen) Lernablaufs der Lernenden – Demonstration und Angebot der (neuen) Strategie

2. Praktische Anwendung der Lernstrategie

Anwenden und Generalisieren der Strategie an unterschiedlichen Inhalten über einen bestimmten Zeitraum (etwa 2–4 Wochen oder länger)

Diese Phase ist der entscheidende Prozess für den Erwerb von Lernstrategien.

Das Ausprobieren und Erproben der jeweiligen Lernstrategie(n) über einen längeren Zeitraum ermöglicht es den Lernenden, bereits eingeschliffene Verhaltensmuster aufzuweichen und neue in das Verhaltensrepertoire zu übernehmen.

Anwenden und Generalisieren der Strategie an unterschiedlichen Inhalten
Die Wirksamkeit der Strategie(n) wird an einfachen Inhalten erprobt und eingeübt, (nach Bedarf) integriert und, wenn möglich, von den Schülern selbstständig an weiteren Inhalten angewandt (Transfer der gelernten Strategie).

3. Reflexion und Evaluation der Strategie

Flankierende Maßnahmen

Elternarbeit
Die Einbindung des Elternhauses kann für die erfolgreiche Umsetzung der Lernstrategien, v. a. im Grundschulbereich, entscheidend sein.

Kontinuierliche Weiterführung der erworbenen Lernstrategien in den folgenden Klassenstufen
Austausch der abgebenden und aufnehmenden Lehrkräfte der jeweiligen Schularten

Erfahrungsgemeinschaften als fester Bestandteil des ***Lernen-Lernens*** *im Unterricht*
Einplanen bestimmter Zeitreserven für die Reflexion des Lernens (Klassenkonferenzen), mit dem Schwerpunkt der besprochenen und ggf. eintrainierten Lernstrategien, aber auch unabhängig von diesen (z. B. in Form eines Referates).

2. Lernen lernen – Begriffsklärung und Klassifikation

Begriffsklärung und Abgrenzung

Lernen lernen beschreibt einen Lernprozess, der das Lernen selbst zum Gegenstand macht. Die eigenen Erfahrungen werden bewusst durchdrungen und reflektiert, um Einsichten in den eigenen Lernprozess zu gewinnen und um nachfolgende Lernhandlungen durch den gezielten oder automatisierten Einsatz von Lernstrategien, je nach individueller Absicht, besser zu vollziehen.

In diesem Zusammenhang ist die Doppelverwendung des Wortes Lernen nicht zufällig gewählt. Vielmehr impliziert sie das Bild des aktiven, selbstbestimmten Lerners, der sich im Sinne konstruktivistischer und kognitivistischer Theorien sein individuelles Verständnis der Umwelt aufbaut und sein Wissen ständig erweitert.
Zentral ist hier die Fähigkeit des Lernenden, sich distanziert vom Lerngegenstand auf die Metaebene begeben zu können, um so zielgerichtet sowie prozesskorrigierend in den Lernverlauf einzugreifen.
Es entsteht eine enge Verbindung mit dem Begriff des life-long-learning, bei dem sich die Zukunftsdimension im Zusammenhang mit der Lernfähigkeit (Aufbau von formalen Fähigkeiten) und dem Fördern von Lernbereitschaft (Lernhaltung) im Mittelpunkt befindet.
Damit setzt sich dieses Verständnis vom *Lernen lernen* von jenen Autoren ab, die das Anwenden von Regelwissen als Lernen lernen definieren.
Am Beispiel des Rechtschreibunterrichts sei dies verdeutlicht:
Lernen lernen ist nicht die Regel: „Auf einem kurzen Selbstlaut folgt ein Doppelmitlaut" auswendig zu lernen und diese anschließend zu wissen. Lernen lernen bedeutet auf diesen Fall bezogen: „Was muss ich tun, damit mir die Regel zum richtigen Zeitpunkt einfällt, damit ich sie anwenden kann?"
Des Weiteren ist darauf zu verweisen, dass Lernen lernen nicht zwangsläufig den Lernaufwand reduziert. Oftmals wird v. a. bei den klassischen Merktechniken sogar ein Mehraufwand an quantitativer Behaltensleistung erbracht, um das zu Merkende später auch abrufen zu können. Lernen lernen ist in diesem Sinn keine Beschleunigungs- oder Reduktionsdidaktik, die Lerninhalte zwangsläufig quantitativ reduziert.
Vielmehr sind Lernstrategien ein Teil einer Handlungssequenz, die eine Anzahl von Lerntechniken sinnvoll verbindet, bewusst auswählt und dann einsetzt.
In der Fachliteratur ist der Begriff „Lernstrategien" ein eher grob umrissenes Konzept (Lernformen, Lernstil, Lernfertigkeit, Lern- und Arbeitsverhalten, Lern- und Arbeitstechniken, ...), als ein klar definiertes Konstrukt. Die Gründe dafür liegen an unterschiedlichen Forschungszielen, -perspektiven und -methodologien (vgl. Wild/Schiefele/Winterler 1992, S. 1).
Nach Wild/Schiefele/Winterler (1992) sind Lernstrategien eine Beschreibung von Verhaltensweisen, die zur Bewältigung von Lernaufgaben dienen können.
In diesem Zusammenhang erscheint es nicht zwingend, zwischen Strategie, Technik und Taktik zu unterscheiden. Vielmehr werden Planung und Ausführung von Verhaltensweisen als ganzheitlicher Prozess verstanden, der an dieser Stelle nicht künstlich getrennt werden muss, da es sich lediglich um verschiedene Phasen bei der Anwendung von Lernstrategien handelt.
Gemeinsam scheint den meisten in der Literatur verwendeten Begriffen die Erwartung zu sein, solche Lernstrategien anzubieten, die zu einem (verbesserten) Lernerfolg beitragen können.

Im Folgenden wird **Lernstrategie** als ein vom Lernenden intentional, aktiv gesteuertes Verhalten (Handeln) zur Unterstützung und Begleitung des Erwerbs von v. a. kognitivem Wissen und Können verstanden. Auf einer Metaebene bahnen diese Strategien angeeignetes, reflektiertes, angewandtes und autonomes kognitives Lernen an.
Die Lernstrategie *hat dabei keinen eigenen Inhalt und ist somit auf verschiedene Inhalte anwendbar.*
In Bezug auf die Grundschule bedeutet dies für die Lernenden, über eine ausgewählte Anzahl systematischer Lernweisen und eine systematische Lernorganisation zusätzlich zu den notwendigen Kulturtechniken zu verfügen.

Klassifikation und Taxonomie

Lernstrategiekonzeptionen unterscheiden sich darin, ob sie motivationale und kognitive Blickrichtungen begrifflich und methodisch trennen oder diese miteinander verbinden.

- **Kognitive Strategien**, auch Primärstrategien genannt, sind Prozesse zum besseren Erwerb und Verstehen bei der Informationsaufnahme, -verarbeitung und -speicherung. Sie ordnen das Wissen in die bestehende Wissensstruktur ein *(Elaboration)*, wandeln Informationen in einfachere Formen um *(Organisation)* und wiederholen Lerninhalte aktiv zur Verankerung im Langzeitgedächtnis *(Wiederholung)*.
- **Metakognitive Strategien** sind eine Art innerer Dialog, den der Lernende mit sich selbst führt, mit dem er sein Verhalten steuert und gegebenenfalls korrigiert. Diese überwachen aktiv das eigene Lernen *(Planung, Regulation, Selbstüberwachung)*.
- **Ressourcenbezogene Strategien**, auch zu finden als Stütz- oder Support-Strategien, organisieren Lernaktivitäten (dazu gehört *u. a. Motivation, Lernumgebung, Anstrengung, Zeitmanagement, Aufmerksamkeit, Konzentration*).

Mithilfe dieser Strategien sollen die Kodierungsprozesse beim Wissens- und Verhaltenserwerb (Selektion → Speicherung → Konstruktion → Integration) positiv beeinflusst und eine Erleichterung schulischen und außerschulischen Lernens erreicht werden.

Der Lernende soll in einem Anbahnungsprozess zunehmend selbstständiger, flexibel und der Situation angemessen Lernstrategien anwenden und von der Lehrkraft unterstützt, beraten und begleitet, Verantwortung für den eigenen Lernerfolg übernehmen lernen.

Zunächst geht es hierbei für die Lernenden in der Grundschule um ein Reflektieren ihres eigenen Lernverhaltens, um das Kennenlernen und Anwenden bestimmter Verhaltensangebote, um langfristig eine Sensibilisierung und selbstständige Steuerung für das eigene Lernen zu erreichen.

3. Ansatz des Lernen-Lernens

- Lernstrategien nehmen die Perspektive, sowohl der Gegenwart (Bewältigen schulischer Situationen) als auch der Zukunft (lebenslanges Lernen), des Grundschulkindes ernst.
- Sie leisten einen Beitrag zur selbstständigen und verantwortlichen schulischen und außerschulischen Lebensbewältigung.
- Übergeordnete Rahmenvorgaben erlauben und empfehlen Lernstrategien als Unterrichtsprinzip mit in den Unterricht aufzunehmen.

Die Vermittlung von Lernstrategien im Grundschulunterricht verfolgt im Rahmen der vorliegenden Arbeit u. a. folgende Zielstellungen:

- Sensibilisieren der Lernenden wie der Lehrenden für einen bewussten Umgang mit Lern- und Lehrstoff.
- Aufbereiten und Verarbeiten bzw. Speichern des Lern- und Lehrstoffes im Dialog des Lehrenden und der Lernenden.
- Aufzeigen ausgewählter Möglichkeiten für die Lernenden, Lernstoff aufzunehmen und sich einzuprägen.
- Hilfestellung und Unterstützung der Lernenden im Lernprozess durch den Lehrer als Lernberater.
- Anbahnen von Methodenkompetenz.
- Fördern der Selbststeuerungs- und Selbstbestimmungsfähigkeit.
- Intervention bzw. Vorbeugung von Lernschwierigkeiten.
- Anbahnen eines selbstständigen, zielstrebigen und kreativen Problemlöseprozesses im Rahmen selbstständigen, exemplarischen Lernens und außerschulischem Weiterlernens.
- Entwickeln der Fähigkeit und Bereitschaft, sich mit dem Lernen und Lernproblemen auseinander zu setzen.
- Der Erwerb von Einsichten in die eigenen Lernprozesse durch bewusst vollzogene und reflektierte Lernvorgänge soll eigenes Lernverhalten selbstständig steuerbarer machen.
- Stärkere Einbeziehung der Lernenden in die Verantwortlichkeit zur Aufnahme und Verarbeitung von Lernstoff.
  Der Lehrende soll die Verantwortung für den Lernprozess an die Lernenden langsam abgeben, ohne aber diese sich selbst zu überlassen.

- Sensibilisierung des Lehrenden für die Wichtigkeit der optimalen Organisation von Lernprozessen, und zwar nicht nur in inhaltlich-fachlicher Hinsicht. Vielmehr soll auch methodisch-strategisches Lernen, neben sozial-kommunikativem und affektivem Lernen zur Lehraufgabe des Lehrenden, aber auch verstärkt zur Lernaufgabe des Lernenden werden.
  Strategien können allerdings, bei allen Vorteilen die sie für das Lernen und die Selbstständigkeit der Schüler bieten, einen angemessen strukturierten und aufbereiteten Unterricht nicht ersetzen.
- Qualitativ besseres Lernen im kognitiven, emotionalen und aktionalen Sinne. Im kognitiven Bereich soll v. a. Wissen besser behalten bzw. durchdrungen werden, und als stärker vernetztes Wissen in die individuelle Struktur eingebaut und im Bedarfsfall abgerufen werden.
- Entwickeln von ökonomischerem, mit weniger Zeitaufwand verbundenem Lernen.
- Methodenkompetenz als Voraussetzung für das übergeordnete Lernziel des autonom Lernenden.
- Lern- und Arbeitstechniken sollen im Unterricht der Grundschule zur ständig begleitenden Konstante werden.
- Anbahnen einer Bereitschaft für lebenslanges Lernen.

Ziel ist es, den Kindern ein begrenztes Strategierepertoire zur Hand zu geben und sie erste Erfahrungen über den gezielten und gesteuerten Einsatz von Strategien machen zu lassen. Sie sollen sich bewusst werden, dass bestimmte Techniken existieren, mit Hilfe derer man gestellte Aufgaben schneller und effektiver bewältigen kann. So sollen sie behutsam für den gezielten Einsatz günstiger Lernwege sensibilisiert werden.
Einzelne Operationen als Teil eines Handlungsplanes werden sinnvoll ausgeführt, wobei der Stand der Tätigkeit sowie sein Bezug zum Lerngegenstand gleichzeitig *mit Hilfe und unter Begleitung des Lehrenden* überblickt wird.

4. Begründungen für das Lehren von Lernstrategien

„Auf Sand geschrieben, was du im Alter noch erlernst, in Stein graviert, was du als Junger gelernt hast." (arabisches Sprichwort)

Einige der Schlagworte, die in der Diskussion um Lernen lernen wichtige **Argumente für ein Lehren von Strategien im Unterricht der Grundschule** liefern, werden im Folgenden kurz vorgestellt:

- Sowohl *TIMSS* als auch die *PISA-Studie* zeigen auf, dass das Aneignen von Lernstrategien für die Lernenden immer bedeutender wird.
- Übergeordnete Ziele des Grundschulunterrichts sind *Selbstständigkeit, Mündigkeit, Selbstbestimmung und Eigenverantwortung*.
- In der Schulwirklichkeit wird dem Lehren von Strategien kaum Aufmerksamkeit geschenkt.
- Zunehmendes Schulversagen und schulleistungsschwache Lernende stehen im traurigen Widerspruch zur zunehmenden Wichtigkeit und Notwendigkeit, die individuelle Lernfähigkeit zu steigern und Methodenkompetenz anzubahnen.
- Die stetig zunehmende Wissenskumulation bei gleichzeitig abnehmender „Halbwertzeit" des Wissens erfordert eine Besinnung auf die Vermittlung von Inhalten und Methoden, mit Hilfe derer weitere Sachverhalte sinnvoll befragt, verständnisvoll aufgenommen und sachgerecht beurteilt werden.
- Klagen der Wirtschaft über fehlende Schlüsselqualifikationen wie Methodenkompetenz drängen dazu, diese im Unterricht verstärkt aufzugreifen.
- Pädagogisch-psychologische Befunde, die u. a. positive Korrelationen zwischen der Verwendung von Lernstrategien und Leistung oder die Wirksamkeit von Strategientraining in der Grundschule belegen, fordern zum Handeln auf.
- Die Vermittlung von Lernstrategien wirkt sich bis auf die Persönlichkeitsbildung aus, z. B. durch das Erfahren von Selbstwirksamkeit oder motivationsstärkenden Prozessen.

Vom Begriff des Lernens nach Hilgard/Bower (In: Mietzel 1993, S. 87) aus der *Lernpsychologie* ausgehend, ist Lernen ein prozesshaft-aktiver Vorgang über Umwelterfahrungen.

Über die Variable des Verhaltenspotentials ist es im Zusammenhang mit Lernstrategien wichtig, nicht nur (äußere) Verhaltensweisen zu verändern bzw. neue aufzubauen, sondern auch die Reflexion und das Stimulieren eines Nachdenkens über das Lernen (Bewusstwerdungsprozess) zu intensivieren.

Das Evaluieren des Erfolgs der Strategie kann demnach nicht in der (äußeren) „Messbarkeit" der Anwendung liegen. Es sollten dabei stets auch Einstellungsveränderungen, kognitive und motivationale Prozesse etc. berücksichtigt werden.

Lernen lernen selbst setzt in diesem Zusammenhang eine bereits bestehende Lernfähigkeit voraus und ist, im Gegensatz zum unbewussten Lernen, abhängig vom **entwicklungspsychologischen Stand** des Lernenden (vgl. Piaget's erkenntnistheoretischer Konstruktivismus. In: Oerter/Montada 1995, S. 518 ff.).

Für die Unterrichtsgestaltung in einer dritten und vierten Jahrgangsstufe hat die Lehrkraft darauf zu achten, dass sich die meisten Lernenden i. d. R. in der konkret-operationalen Phase der Denkentwicklung befinden, auch wenn weiterführende Studien belegen, dass Kinder durch ein entsprechendes Training befähigt werden können, Aufgaben auf der formal-operationalen Stufe (Metaebene) schon in einem sehr viel früheren Entwicklungsstadium bewältigen zu können.

Das Vermitteln und Anwenden von Strategien in der Grundschule ist stark an die Wissensbasis des Schülers und an Inhalte gebunden (vgl. Kail 1989, S. 71), da man eine Strategie v. a. in Verbindung mit einer Zielvorstellung und dem Lernstoff richtig anwendet.

Diese Bindung an Inhalte kann aufgrund der **entwicklungspsychologischen und metakognitiven Voraussetzungen** (vgl. Sarasin 1995, S. 153 ff.) einen Transfer auf andere Bereiche erschweren, da die Schüler das Anwenden der Strategie an bestimmten Lerninhalten einüben. Um Strategien letztlich einsetzen zu können, muss das Kind zusätzlich nicht nur über Strategiewissen verfügen, sondern auch über metakognitive Fähigkeiten.

Der Lernende muss dazu ein Wissen auf einer Metaebene über die Fähigkeiten der eigenen Person erwerben sowie eine gestellte Aufgabe in ihren Merkmalen und Besonderheiten erfassen (z. B.: „Fasse den Inhalt des Textes in einigen Worten zusammen."). Dann kann er die Strategien in Abhängigkeit der jeweiligen Zielstellung sinnvoll einsetzen und den Lernprozess kritisch reflektieren und ggf. korrigieren.

Insofern erhält wiederum die begleitende Lernumwelt starke Bedeutung, um u. a. über entsprechende Beachtung den Transfer fördernder Prinzipien (vgl. Mietzel 1993, S. 157) und ein letztlich variables Einsetzen der Strategien zu unterstützen.

Aus der Fachrichtung der **Gedächtnispsychologie** belegt eine Studie, dass erst ab der dritten Klasse signifikante Prädikatoreffekte der erfassten Merkmale des Wissens über das Gedächtnis festgestellt werden und Gespräche über das Lernen erst ab der dritten Klasse das strategische Verhalten der Schüler positiv beeinflussen.

Ein Reflektieren und Verändern, v. a. der Metakognitionen, die wiederum interaktionistisch mit der Wissensbasis, der verfügbaren Verarbeitungskapazität und den verwendeten Strategien zusammenhängen, erscheint deshalb in der dritten und vierten Jahrgangsstufe sinnvoll.

Des Weiteren gilt es, die kindliche Kapazität des Arbeitsgedächtnisses zu beachten. Untersuchungen belegen, dass Strategieanwendung die Kapazität des Arbeitsgedächtnisses weitgehend ausschöpft, so dass für die Verarbeitung des Lerninhaltes nur noch wenig Kapazität zur Verfügung steht.

Deshalb sollten Strategien langfristig automatisiert werden, damit mehr Gedächtniskapazität für die Lösung tatsächlicher Aufgaben verbleibt (vgl. Kap. 6. Das Lehren von Lernstrategien im Unterricht der Grundschule).

Ergebnisse der **Transferforschung** zeigen dabei, dass allgemeine Strategieschulungen nicht den erwünschten Erfolg bringen.

Lernstrategien müssen gezielt geschult und intensiv geübt werden. Dabei sollte das Wissen über die Strategie und deren Anwendung zunächst eng mit einem Fachbereich verbunden eingeführt und intensiv geübt werden, um im weiteren Verlauf an anderen Inhalten angewendet und reflektiert zu werden.

Konstruktivistische Ansätze bieten grundlegende Erkenntnisse, die nicht mehr aus der Pädagogik und der Psychologie wegzudenken sind.

Im Zentrum steht die Auffassung, dass eine objektive Erkenntnis der Wirklichkeit nicht möglich ist. Jedes Individuum konstruiert sich ein Bild von der es umgebenden Realität, indem es seine Wahrnehmung interpretiert und so Stück für Stück seine bereits vorhandene kognitive Struktur ausbaut bzw. umbaut. Das bedeutet, dass Wissen aktiv und individuell erworben werden muss. Der Lernende steuert seine Lernprozesse selbst bzw.

obliegt es nur ihm, Neues in bereits vorhandene Wissensstrukturen zu integrieren.
Der Lernende muss deshalb unbedingt aktiv in den Lernprozess, in diesem Fall dem Erwerb von Lernstrategien einbezogen und dazu angehalten werden, seine Erkenntnisse und sein individuelles Verständnis zu verbalisieren. Das gewährleistet eine Durchdringung des Gelernten und eine Anbindung an bereits vorhandene Strategien bzw. einen Konzeptwechsel im Sinne einer möglichen Verhaltensänderung.
Zentral für konstruktivistische Theorien ist ebenfalls, dass Wissenserwerb als aktive Konstruktion auf der Basis von Vorerfahrungen gesehen wird. Aus diesem Grund müssen diese Vorerfahrungen der Kinder mit dem Lernen individuell ermittelt bzw. Gegenstand des Unterrichtsgespräches werden, so dass an ihnen direkt angeknüpft werden kann.
Gemeinsam ist den konstruktivistischen Sichtweisen die Annahme, dass Wissen in sozialen Kontexten konstruiert wird. Individuelle Hypothesen werden durch Absprachen mit anderen Lernenden verifiziert bzw. falsifiziert.
Für den Unterricht bedeutet dies, dass Situationen geschaffen werden müssen, in denen die Kinder eigene Beobachtungen, erkannte Strategien oder dem Lerngegenstand zugrunde liegende Strukturen in Partnerarbeit oder Gruppenarbeit miteinander vergleichen und so auf ihre Korrektheit hin überprüfen.

Resümierend kann festgestellt werden, dass der Lernende Impulse braucht, um Veränderungen im kognitiven und damit auch metakognitiven Bereich vorzubereiten. Die Kompetenz, gegenwärtige und zukünftige Lernaktivitäten zu verknüpfen, liegt bereits im (un-) bewussten Erfahrungsbereich der Kinder. Entsprechendes Verhalten kann durch den Unterrichtenden gefördert werden (vgl. SARASIN 1995, S. 251 ff.).
Da die *Anwendung von Strategien* integrativer Bestandteil kognitiver Entwicklung zu sein scheint, ist eine *Förderung in der Grundschule grundsätzlich möglich.* Eine gezielte Vermittlung muss dabei dem Alter der Lernenden angepasst werden. Zwar können bereits Grundschulkinder Strategien erlernen, sie zunächst aber nicht spontan verwenden. *Die Begleitung und Beratung der Kinder erscheint beim Erwerb der Strategien günstig und notwendig.*

Nach diesen ersten grundlegenden Gedanken werden im Anschluss die Kriterien zur Auswahl von Lernstrategien sowie die Lernstrategien selbst vorgestellt.

5. Kriterien zur Auswahl von Lernstrategien

Die im Folgenden beschriebenen Strategien wurden nach bestimmten Kriterien ausgewählt. Die Reihenfolge entspricht einer hierarchischen Gewichtung:

1. **Entwicklungsgemäßheit**:
Die Anwendung der Strategien sollte im Einflussbereich der Lernenden einer dritten und vierten Jahrgangsstufe möglich sein. Altersgemäße Fähigkeiten und Bedürfnisse der Kinder müssen berücksichtigt werden.

2. **Einsichtigkeit**:
Der Wahrscheinlichkeitsgrad der Anwendung der Strategien steigt, wenn es den Lernenden sinnvoll erscheint, diese auch anzuwenden. Die Lerntechnik soll das aktuelle schulische Lernen des Kindes erleichtern.

3. **Motivation**:
Die Lernstrategie sollte v. a. dem durch Misserfolge geprägten schwachen Lernenden die Möglichkeit bieten, Leistungssteigerungen zu erfahren.

4. **Individualisierung**:
Dem Lernenden sollte es möglich sein, individuelle Schwerpunkte in der Realisierung der Strategie, auch in Abhängigkeit von seinen kognitiven Fähigkeiten, zu setzen.

5. **Absicherung durch Forschungsergebnisse**:
Forschungsergebnisse bieten die Gewähr, dass die ausgewählten Strategien empirisch abgesichert sind, sich praktisch bewährt haben und damit eine Behandlung im Unterricht sinnvoll erscheint. Die Lehrkraft sollte sich allerdings bewusst sein, dass viele Faktoren beim Lernerfolg beteiligt sind. Des Weiteren ist es oft nicht ersichtlich, ob die gelernte Strategie und deren Realisation zu einer Leistungsveränderung führt oder andere Variablen als Ursache hat. Als Grundlage für die Auswahl der Strategien nach Forschungsergebnissen dienen die Untersuchungen von WILD/SCHIEFELE/WINTERLER (1992).

Reduktion: Für schwächere Lernende kann das Erlernen *einer* Technik schon recht anspruchsvoll sein. Sinnvoll ist das Vermitteln weniger Techniken, die aber gründlich eingeübt werden.

6. Das Lehren von Lernstrategien im Unterricht der Grundschule

„... der Schüler muss Methode haben. Dem Lehrer aber muss die Methode, seinen Zögling zur Methode zu führen, eigen sein."
(Gaudig. In: Glöckel 1992, S. 111)

Vorbemerkung

Jedes Kind erwirbt im Rahmen der Anpassung an Regeln und Erfahrungen auch Arbeits- und Lerngewohnheiten. Das Kennenlernen von Strategien ist die Möglichkeit, diese Gewohnheiten über Assimilation und Akkomodation zu integrieren, zu differenzieren und zu erweitern.
Der Lehrende ist gefordert, diese Entwicklung der eigenen Handlungsfähigkeit, die Kinder im Ansatz selbst spüren zu lassen. Daraus ergibt sich, dass ein Kind zwar ein Angebot an Strategien erhält, letztlich aber selbst entscheidet, ob es den Vorschlag annimmt, ggf. modifiziert oder ablehnt.
Schwerpunkt ist die Auseinandersetzung mit Lernstrategien, ein Anwenden der Übungssituationen, um ein Beurteilen der Effekte zu ermöglichen. Vorwiegend in diesem Prozess werden die Lernenden sensibilisiert, ihr Lernverhalten möglicherweise zu ändern.
Zu Beginn eines Methodentrainings geht es zunächst darum, bei den Kindern eine Vorstellung vom Begriff des Lernens in seinen Dimensionen anzubahnen. Sie sollen begreifen, was Lernen bedeutet und auf welche Ziele es ausgerichtet sein kann. Des Weiteren sollen sie sich bewusst sein, dass durch den Einsatz von Strategien diese Ziele schneller erreicht werden können.
Dem Kind wird auf diese Weise auf lange Sicht das Gefühl vermittelt, dass es seinen Lernprozess positiv beeinflussen kann. Es wird herangeführt, ungünstige und zeitaufwendige Strategien als solche zu erkennen und nach effektiveren Lösungsmöglichkeiten zu suchen.
Bei schwächeren Schülern wird dieses Ziel sicherlich nicht in der Hochform erreichbar sein, da diesen Kindern häufig die Distanz zum Lerngegenstand fehlt. Die Kinder können jedoch durch lernbereichsspezifisch erworbene Strategien, die wiederholt an unterschiedlichen Beispielen trainiert worden sind (s. u. Training und Automation), zumindest punktuell zu einem effizienten Strategieeinsatz geführt werden.
Die Zukunftsdimension wird den Lernprozess begleitend als Fernziel im Blick behalten, denn Lernbereitschaft und die Fähigkeit weiter zu lernen (Lernhaltung), beruhen zum einen auf einem positiven Selbstkonzept sowie einer positiven Einstellung zum Lernen und zum anderen auf einem gesicherten Repertoire an Lern- und Arbeitstechniken sowie Problemlöseheurismen, auf die der Schüler möglichst selbstständig zurückgreift, so dass ein autonomes Lernen gewährleistet ist.
Lernstrategien können in diesem Zusammenhang auf zweierlei Arten erworben werden. Entweder entdeckt der Schüler sie individuell und spontan oder sie werden ihm von einer anderen Person vermittelt. Im letzteren Fall liegt es zum großen Teil an der Lehrkraft, den Prozess der Verhaltensänderung anzuleiten. Das Artikulationsmodell eines strategievermittelnden Unterrichts erlaubt es, diesen Aneignungsprozess zu optimieren. Die Aufgabe der Lehrkraft ist es, diese Strategien zu einem effektiven Arbeitsinstrument für die Lernenden werden zu lassen (vgl. Sarasin 1995, S. 60).
Dabei hängt die Qualität des Lernprozesses und des Lernerfolgs des Schülers nicht nur von der Intelligenz und der(en) ausgewählten Strategie(n) ab, sondern in hohem Maße von der Unterrichtsgestaltung, sowohl der fachlichen als auch der expliziten Vermittlung von Lernstrategien.

Auf der einen Seite steht damit das lernförderliche Handeln der Lehrkraft, auf der anderen die sich entwickelnde Kompetenz des Schülers, die dargebotenen Inhalte zu verarbeiten. Lernstrategien und das Basismodell ergänzen sich komplementär.

Artikulationsmodell eines strategievermittelnden Unterrichts

Eine lerntheoretische Fundierung der methodischen Grundstrukturierung (vgl. Glöckel/Rabenstein et. al. 1992, S. 39f.) soll es zum einen den Schülern erlauben, die für die Erreichung der Lernziele notwendigen Operationen zu vollziehen, um auf diese Weise auch den Lerninhalt bestmöglich zu integrieren, zum anderen dem Lehrenden in der pädagogischen Reflexion des Lehrprozesses eine valide Konzeption über das Lernen, die Lernenden und das Lehren selbst an die Hand zu geben.

Dieses Artikulationsmodell ist kein Schema für eine 45-minütige Unterrichtszeiteinheit. Vielmehr sind die einzelnen Schritte Teile einer zum Teil über Wochen andauernden Unterrichtssequenz.

1. Einführung der Lernstrategie

Erfassen des (individuellen) Lernablaufs

Die Lernenden werden angehalten, ihre Vorgehensweise zu beschreiben. Diese Erfahrungen werden besprochen, verglichen und auf ihre Effizienz hin überprüft. Das eigene Lernverhalten wird analysiert.
Es empfiehlt sich im Rahmen des ersten Schrittes, v. a. aus motivationalen Gründen, die eigenen Lernerfahrungen zur Sprache zu bringen. Zudem entsteht ein Bewusstsein dafür, dass unterschiedliche Schüler unterschiedliche Strategien benützen. Um den Schülern die Einsicht in eine (ggf. notwendige) Verhaltensänderung zu erleichtern, besteht die Möglichkeit, die Strategien im Anschluss an einen gescheiterten Bewältigungsversuch einer Aufgabe oder im Rahmen einer „allgemeinen Arbeitsrückschau zu vermitteln, d. h. man geht auf aufgetretene Schwierigkeiten ein und zeigt den Wert der neuen Strategie" (Sarasin 1995, S. 145).

Demonstration und Angebot der (neuen) Strategie

Die Strategie(n) werden durch den Lehrenden vorgestellt. Die Hintergründe werden (unter Beachtung der Erfahrungen der Schüler in Schritt 1) erläutert. Die Schüler erhalten neue Informationen, integrieren diese in die eigene kognitive Struktur und vergleichen die neue Strategie mit dem eigenen Lernverhalten. Das Aufbauen eines Strategierepertoires wird angebahnt.
Diese Abfolge innerhalb der Einführungsphase einer Lernstrategie betont die innere Aktivität des Verarbeitens von Informationen. Der Lernende wird mit Erfahrungen und Wissen i. d. R. vom Lehrenden und den Mitlernenden konfrontiert. Dies ist Anlass, möglicherweise die eigenen Strukturen zu verändern.
Über Desäquilibration wird ein kognitives Ungleichgewicht hergestellt, da der Lernende durch dieses „neue" Wissen zu neuem Gleichgewicht strebt:

- Die Strategie wird angenommen.
- Die Strategie wird teilweise angenommen und/ oder modifiziert.
- Die Strategie wird abgelehnt.

Alte Verhaltensgewohnheiten bzw. Desäquilibrationen werden „aufgeweicht" oder zumindest reflektiert.

2. Praktische Anwendung der Lernstrategie

Dies ist der entscheidende Prozess für den Erwerb von Lernstrategien.

Das Ausprobieren und Erproben der jeweiligen Lernstrategie(n) über einen längeren Zeitraum ermöglicht es den Lernenden, bereits eingeschliffene Verhaltensmuster aufzuweichen und neue in das Verhaltensrepertoire zu übernehmen.

Anwenden und Generalisieren der Strategie an unterschiedlichen Inhalten

Die Wirksamkeit der Strategie(n) wird an einfachen Inhalten erprobt und eingeübt, nach Bedarf integriert und wenn möglich, von den Schülern selbstständig an weiteren Inhalten angewandt (Transfer der gelernten Strategie).

Die praktische Anwendungsphase gibt Gelegenheit, die eigene Handlungsfähigkeit zu erleben, und ist damit wesentlicher motivationaler Faktor. Die strategische Sensitivität wird durch die Erfahrungsvermittlung erhöht.

3. Reflexion und Evaluation der Strategie

Die Wirksamkeit der Strategie(n) wird reflektiert, Probleme und Grenzen werden angesprochen, Lösungsvorschläge gesucht. Der Lernende entscheidet, ob und auf welche Art und Weise er die

Strategie in sein Lernverhaltensrepertoire übernimmt.
Wertung: Dieses Artikulationsschema revolutioniert nicht die Rahmenbedingungen des Unterrichts, wohl aber wird durch das Einhalten der Lernschritte die Integration von Lerninhalten optimiert und der Wahrscheinlichkeitsgrad erfolgreichen Lernens erhöht.

Betrachtet man die Wechselwirkung zwischen Lehr- und Lernstrategie und die Struktur des Lerngegenstandes, so sollte weder der Unterrichtsinhalt nach einer völlig fremden Systematik vermittelt werden, noch der Aneignungsprozess dem Lernenden selbst überlassen werden. Im Laufe der Unterrichtszeiteinheiten wird der Lernende vielmehr angeregt, sich entsprechend seiner subjektiven Voraussetzungen der Struktur des Lerngegenstandes zu stellen und eine eigene Systematik bzw. Strategie in Auseinandersetzung mit dem Unterrichtsinhalt zu entwickeln.

Training und Automation

„Was man lernen muss, um es zu tun, lernt man, indem man es tut: So wird man Baumeister dadurch, dass man baut, und Kitharaspieler dadurch, dass man spielt."
(Aristoteles, Nikomachische Ethik)

Bereits im Grundschulalter ist es dem Kind vom kognitiven Entwicklungsstand her betrachtet möglich, Lernstrategien zu verstehen und anzuwenden. Parallel zu dieser kognitiven Entwicklung bilden sich Metakognition und Metagedächtnis aus, allerdings nicht spontan, sondern in Abhängigkeit von dem lernfördernden Einüben und Automatisieren von Lern- und Arbeitstechniken.

Die Automation erlaubt es, die Strategien im Laufe der Zeit ohne große Belastung des Bewusstseins in verschiedenen Situationen anzuwenden. Im Unterschied zum Transfer, bei dem die Analyse der Lernsituation im Vordergrund steht, *geht es bei der Automation um das „Einschleifen" bestimmter Vorgehensweisen.*
Dieser Punkt ist zentral im Zusammenhang mit dem Lehren und Erlernen von Strategien (vgl. Schräder-Naef 1996, S. 28), da es u. a. darum geht, lang erworbene Verhaltensmuster über fortwährende Reflexion für eine mögliche Verhaltensoptimierung aufzuweichen.
Besonders wichtig erscheinen motivationale Komponenten, um nicht nur eine temporäre Verhaltensänderung zu bewirken, sondern um langfristig Gewohnheiten zu verändern und Lernverhalten zu optimieren.
Der Lehrende ist dabei von entscheidender Bedeutung, die Aneignungsphase der Strategien zu begleiten und zu unterstützen. Dies kann in Form von Gesprächen, kleinen Lernexperimenten, aber auch in Form von Lernzielkontrollen der Fall sein. Die Erfahrung zeigt, dass ein Verändern des Lernverhaltens zunächst mit Anstrengung und Mühe verbunden ist. Auch wenn die Strategie rational einleuchtend ist, bedarf mancher Lernende einer gewissen „Anschub- und Motivationshilfe", die durchaus extrinsisch motivierter Art sein kann, um diese Mühen so lange auf sich zu nehmen, bis ein sinnvolles Bewerten der Strategie möglich ist.

Positionen verschiedener Autoren unterstützen diese These:

- Glöckel (1992, S. 28) verweist darauf, dass die Einschulung von Vorgehensweisen eine eigene Aufgabe des Unterrichts ist, die „Mühe und Zeit fordert, den Aufwand aber lohnt. Diese Einübung muss im Unterricht unter Anleitung der Lehrkraft erfolgen, weil nur so das Verständnis und die richtige Ausführung gesichert sind."
- Kail (1989, S. 101) zeigt auf, dass im Rahmen der Gedächtnisentwicklung entwicklungsbedingte Steigerungen der Automatisierung und der Effizienz der Verarbeitung v. a. auf intensive Übung zurückzuführen sein können und daher dem Trainingsaspekt eine entscheidende Rolle zukommt.
- Aebli (1969, S. 161) meint: „Damit ein Verhalten sich bessern kann, muss es sich vollziehen. Damit der Schüler lernt, muss er tätig werden."
- Des Weiteren zeigt schon die klassische Studie von Woodrow (1927. In: Nold 1992, S. 139), dass die Kombination Erläuterung und Übung einer Strategie erfolgreicher ist als bloßes Erläutern oder reines Üben. Da Lernstrategien sich nur mühsam aufbauen, müssen sie immer wieder intensiv geübt werden. Dies ist sinnvoll, wenn es an den ohnehin zu bearbeitenden Lernaufgaben geschieht.

- Hasselhorn/Hager (in: Roost 1998, S. 252ff.) weisen darauf hin, dass kognitives Training ebenso bereichsspezifisch wie auch allgemein sein soll, um die Wirkungsintensität zu erhöhen.
  In diesen Bereich fällt auch, dass der Lehrende im Rahmen des Vermittelns von Metakognitionen immer wieder darauf hinweist, wie wichtig strategische Anstrengung für den Lernerfolg sein kann.

Zusammengefasst soll durch die Trainingsmöglichkeiten den Lernenden die Möglichkeit gegeben werden, das Wechselspiel von Operation (Fähigkeit) und Information (Wissen) zu optimieren. Der Vorteil des Trainingsansatzes liegt neben den bereits beschriebenen Notwendigkeiten des Trainings zum Aufweichen von Verhaltensgewohnheiten im „Wachstum" der trainierten Fähigkeiten und einer erweiterten Wissensbasis.

Das Lehren von Lernstrategien

Das Lehren von Lernstrategien kann auf unterschiedliche Art und Weise erfolgen.

Als *„Lehrgang mit Trainingscharakter"*
und/ oder als
„Lerntipps und Lerntricks"

Ein Lehrgang mit Trainingscharakter – ausgewählte Lernstrategien als Unterrichtsprinzip und Reflexionsthema im Unterricht

Der Lehrende trifft für die Schüler eine Vorauswahl der Lernstrategie(n), z. B. Lern-Drei-Sprung und Hausaufgaben, die er den Schülern vorstellt und mit ihnen eintrainiert.
Im weiteren Unterricht der folgenden Wochen werden die Erfahrungen mit der Anwendung der Lernstrategie(n) in Reflexionsschleifen besprochen, ggf. modifiziert und trainiert.
Der Lehrende begleitet und kontrolliert dabei den Aneignungsprozess.

Erst nach einigen Wochen entscheiden die Schüler auf Grund der gemachten Erfahrungen, inwieweit sie es für sinnvoll erachten, die Lernstrategie(n) in ihr Verhaltensrepertoire zu übernehmen.

Der Vorteil des Lehrgangs mit Trainingscharakter

- Metakognition und Metagedächtnis des Lernenden bilden sich nicht spontan aus. Dies erfolgt in Abhängigkeit des lernfördernden Einübens und Automatisierens von Lern- und Arbeitstechniken.
- Durch das Eintrainieren werden die Strategien bis zu einem gewissen Grad automatisiert. Die Automation erlaubt es, die Strategien in verschiedenen Situationen – im Laufe der Zeit ohne große Belastung des Bewusstseins – anzuwenden.
- Es geht darum, lang erworbene Verhaltensmuster über fortwährende Reflexion für eine mögliche Verhaltensoptimierung aufzuweichen.

Dies erfordert eine gewisse Anstrengung. Ohne den die Lehrkraft und die Lernenden unterstützenden Lehrgangs- und Trainingscharakter ist die Wahrscheinlichkeit, dass ein Großteil der Schüler diese Anstrengung von sich aus auf sich nimmt, eher niedrig.
Auch wenn die Strategie rational einleuchtend ist, bedarf mancher Lernende einer gewissen „Anschub- und Motivationshilfe", die durchaus extrinsisch motivierter Art sein kann, um diese Mühen so lange auf sich zu nehmen, bis ein sinnvolles Bewerten der Strategie möglich ist.
Der Lehrende ist dabei von entscheidender Bedeutung, die Aneignungsphase der Strategien zu begleiten und zu unterstützen. Dies kann in Form von Gesprächen, kleinen Lernexperimenten, aber auch in Form von Kontrollen der Fall sein. Die Erfahrung zeigt, dass ein Verändern des Lernverhaltens zunächst mit Anstrengung und Mühe verbunden ist.
Besonders wichtig erscheinen motivationale Komponenten, um nicht nur eine temporäre Verhaltensänderung zu bewirken, sondern um langfristig Gewohnheiten zu verändern und Lernverhalten zu optimieren.

Die Strategien können sich mit Hilfe des Lehrgangs mit Trainingscharakter vom so genannten „Eunuchenwissen (Sie wissen, wie es geht, können es aber nicht.)" zur tatsächlichen praktischen Anwendung entwickeln.

Tipps und Tricks

Die Lehrkraft stellt in einer oder mehreren Unterrichtszeiteinheiten verschiedene Lernstrategien vor und lässt die Schüler diese über einen bestimmten miteinander vereinbarten Zeitraum (z. B. zwei bis vier Wochen) ausprobieren.
Vermittelt man Lernstrategien ohne sie zunächst konsequent einzuüben, besteht die Schwierigkeit, dass die im Unterricht besprochenen Lernstrategien u. U. unverbindlich stehen bleiben.

> Deshalb ist es auch bei „einfachen Lerntipps und Lerntricks" wichtig, diese praktisch über einen längeren Zeitraum auszuprobieren und in ihrer Wirksamkeit zu reflektieren.

Wir empfehlen folgende Bausteine mit den Kindern in einem Lehrgang mit Trainingscharakter einzuüben:
- den Lern-Drei-Sprung als eine kombinierte Markierungs- und Merktechnik S. 23
- Heft- und Mappenführung S. 42
- Arbeitsplatzgestaltung S. 60
- Mündliche Mitarbeit S. 51
- Die Fünf-Finger-Regel zum besseren Behalten von Lernstoff S. 86

Grundsätzlich lassen sich alle Bausteine unter dem Aspekt „Lerntipps und Lerntricks" behandeln.

Folgender Baustein eignet sich allerdings dafür besonders:
- Hausaufgaben S. 75

Die Erfahrung zeigt, dass einige wenige Strategien, die sinnvoll vorgestellt und eintrainiert wurden, und tatsächlich in das Verhaltensrepertoire übergegangen sind, sinnvoller sind, als ein Sammelsurium einer Vielzahl von Lernstrategien.

7. Weitere Aufmerksamkeitsrichtungen bei der Vermittlung von Lernstrategien

„Der Weg ist das Ziel." (Konfuzius)

- **Attribuierung:**

Führt ein Lernender seine Misserfolge auf ungenügende eigene Begabung zurück, ist es unwahrscheinlich, dass er mit viel Mühe eine Strategie anwendet. Die Chance für diese Schüler besteht darin, Misserfolge als Mangel an Strategien zu begreifen.
Die Lehrkraft ist in ihrer Lernprozessbegleitung gefordert, diesen Lernenden Erfolge und Fortschritte im Gebrauch der Strategien aufzuzeigen. Dies ist ein schwieriger Prozess, da es gilt, oft langjährig erworbene Einstellungen aufzubrechen.

- **Dreifache Zielangabe:**

Die Anforderungen an den Lernenden sind anspruchsvoll, da es für ihn neben dem Wissen um die Strategien (Anforderung 1) auch um deren Anwendung (Anforderung 2) geht, die jedoch nicht losgelöst vom Lernstoff (Anforderung 3) betrachtet werden können.

- **Transfer:**

Es besteht die Gefahr, dass die Strategien zu allgemein formuliert sind. Die Schüler lernen zwar die Strategien, benützen sie aber nicht, wenn sich die Lernsituation verändert, der Unterricht z. B. in offeneren Lernsituationen verläuft.
Die Lehrkraft ist wiederum gefordert, dem Lernenden Rückmeldung zu geben, dass auch in anderen als den „gelernten" Situationen der Einsatz bestimmter Strategien sinnvoll, hilfreich und zum geregelten Ablauf auch notwendig ist.

- **Matthäus-Prinzip:**

Der aus der Psychologie bekannte Satz „Wer hat, dem wird gegeben" deckt sich im Ansatz auch mit den durchgeführten Beobachtungen der Verfasser.
Sehr leistungsstarke Schüler sind bereits nach einigen Unterrichtszeiteinheiten nach der Einführung z. B. des Lern-Drei-Sprungs in der Lage, Schlüsselwörter zielsicher zu finden. Diesen Lernenden fällt es folglich auch leichter, Unterrichtsinhalte auf ökonomische Weise zu wiederholen, da es ihnen reicht, sich die Kernbegriffe zu merken.
Um der Gefahr eines Schereneffekts hinsichtlich der Effektivität des Einsatzes zwischen leistungsstarken und leistungsschwachen Lernenden entgegenzuwirken, erscheint es umso wichtiger, Strategien als Unterrichtsinhalte im Sinne einer individualisierenden Förderung zu besprechen und einzuüben.

- **Problem der Erbsünde:**

Während des Trainings ist oftmals festzustellen, dass „trotz besseren Wissens" konstante strategische Leistungsbemühungen ausbleiben.

Die Gründe können vielfältig sein. Da das Ändern von Verhaltensgewohnheiten mit Mühe verbunden ist, fühlen sich manche Schüler u. U. nicht eingeladen, den Strategien, denen sie rational zustimmen konnten, konsequent Taten folgen zu lassen.

- **Mathematantics** *(durch das Vermitteln von Strategien entstehen negative Ergebnisse)*

Die Evaluation und Verifizierung solcher Effekte ist sehr schwierig.
CLARK (In: SARASIN 1995, S. 113 f.) vermutet, dass in solchen Fällen die vermittelten kognitiven Prozesse mit den eigenen Vorlieben unvereinbar sind oder einfach inadäquat. Es besteht demnach die Gefahr, dass durch den „Strategieunterricht" bisher automatisch ablaufende „alte" Prozesse gestört werden, ohne dass sie durch neue effiziente Vorgehensweisen ersetzt werden.

- **Erlangen von Weltwissen ohne Lernstrategien:**

Ein nicht unerheblicher Teil menschlichen Wissenserwerbs erfolgt weder bewusst noch systematisch mit Hilfe von vor- und nachbereiteten sowie reflektierten Lernstrategien. Bisweilen lernt man in solchen Situationen besonders intensiv (z. B. beim Versuch, in Großbritannien in kontinentaler Gewohnheit die Straße überqueren zu wollen).
Die Lehrkraft ist damit entlastet und nicht für jeglichen Wissenserwerb zuständig bzw. verantwortlich, nichtsdestotrotz sollte sie aber in der Unterrichtsgestaltung ausreichend Gelegenheit zu „freiem Lernen" geben, wie es das Leitbild des autonomen Lernenden vorgibt.

- **Determinanten der Schulleistung:**

Das multipel determinierte Faktorengefüge der Lernleistung, das sich aus der Lernpersönlichkeit, dem Lernumfeld etc. zusammensetzt, bei dem die Kognition noch einen höheren Stellenwert einnimmt als die Emotion oder Sozialisation, lässt es fast anmaßend erscheinen, Lernleistungsveränderungen auf die behandelten Strategien zurückzuführen.
Festzuhalten ist jedoch, dass es den Schülern Freude bereitet, sich auch gegenseitig im Lernen zu „beraten". Des Weiteren erarbeiten sie sich einen reflektierten Wissensgrund. Auf diese Weise sind die Lernenden im Sinne eines „reciprocal teachings" (vgl. BROWN/PALINSCAR 1987. In: NOLD 1992, S. 55) auf hohem intellektuellen Niveau vielseitig gefordert.

- **Mit *Lernen lernen* erreichen endlich alle Schüler die guten Noten?**

Das multipel determinierte Faktorengefüge der Lernleistung des Lernenden und die „Verschiedenheit der Köpfe" (HERBART) lassen es nicht zu, dass durch „Drehen an einer Schraube" die Leistungen eines Schülers sprunghaft steigen, auch wenn sich das die meisten am Lernprozess Beteiligten wünschen.

- **Zwangsstrategien?**

Es ist nicht sinnvoll, den Lernenden eine Strategie aufzuzwingen.
Sie sollen zwar die entsprechenden Vorgehensweisen kennen lernen, müssen aber letztlich selbst entscheiden, ob sie diese ggf. modifiziert anwenden wollen oder nicht. Durch die Auseinandersetzung werden sie verschiedenste Erfahrungen machen, die sich (hoffentlich) günstig auf ihre strategischen Gewohnheiten auswirken.

- **Lern-Hygiene:**

Über das viele Reflektieren von Lernmöglichkeiten sollte das sich unterhalb des Lehrarrangements abspielende Lernen nicht außer Acht gelassen werden.
Des Weiteren ist die „technisch-ergonomische" Seite der Strategien kritisch zu betrachten, wenn es nur darum geht, ökonomische Leitnormen zu erfüllen. Bisweilen erhöht „kontemplatives Schauen" (GLÖCKEL 1992) die Behaltensleistung erheblich besser, wenn es dem Lernenden gelingt, zwischen Gedanken zu verweilen.

- **Chance des Fehlers:**

Im Nicht- Wissen oder in falschen Antworten entfaltet sich das kreative Potential, das in Fehlern stecken kann.
Bieten diese doch die Gelegenheit, durchgeführte Strategien auf ihre Effektivität hin zu überprüfen und zu verändern. So gilt es für den Unterrichtenden, eine positive Einstellung zu zeigen, um die Lernenden beim Lernen, Ausprobieren und Finden eigener Vorgehensweisen nicht zu bremsen.

Insgesamt sollte der Lehrende:

- der persönlichen Erfahrung breiten Raum gewähren,
- bereits vorhandene nützliche Lernroutinen unterstützen,
- die Strategien an aktuellen Lerninhalten mit vielfältiger Anwendung einüben,
- ausreichend Übungsmöglichkeiten zur Automatisierung anbieten,
- zur Selbstkontrolle anleiten,

- Reflexionen der Schüler über das eigene Vorgehen beim Lernen in verschiedenen Sozialformen (reciprocal teaching) und ggf. in der Klassenkonferenz anbieten,
- allgemeines Wissen um die Lernstrategien mit einbeziehen, wie etwa den möglichen Zusammenhang zwischen persönlicher Anstrengung und Erfolg,
- eine förderliche Lernatmosphäre schaffen (Arbeitsklima, Schüler-Schüler-Beziehung, Lehrkraft-Schüler-Beziehung, Disziplin, ...)
- den Nutzen der Strategien hervorheben,
- u. a. m.

> Wichtig ist, dass in strategiezentrierten Arbeitsphasen die Lernstrategie der Schüler in den Mittelpunkt des Unterrichts rückt. Während es im gängigen Unterricht eher so ist, dass sich die Aufmerksamkeit von Lehrkraft und Schülern ganz vorrangig auf die Inhaltsaspekte richtet, kreist das Unterrichtsgeschehen in methodisch orientierten Lernsequenzen primär um das methodische Vorgehen der Schüler. Lernen wird reflektiert, es werden u. a. Lernerfahrungen ausgetauscht, Strategien vorgestellt, ausprobiert und in ihrer individuellen Wirksamkeit verglichen, Experimente durchgeführt, Lerntipps ausgetauscht u. v. m.

8. Zusammenarbeit mit den Eltern

> *„Man kommt immer bequemer auf einem Weg fort, der schon gebahnt ist."*
> (Wilhelm Ludwig Wekhrlin)

„Lernen lernen" als eigenes Unterrichtsthema, das im Jahresverlauf immer wieder aufgegriffen wird, kann für manche Eltern eine neue Erfahrung darstellen.
Umso wichtiger erscheint es, die Eltern an den Absichten und Auswirkungen, die das Erlernen von Lernstrategien hat, teilhaben zu lassen.
Der Einfluss des Elternhauses auf das Lernbe-„Mühen" der Kinder ist ein ganz wichtiger Faktor, der vor allem in der Phase der praktischen Anwendung der Lernstrategien zum Tragen kommt. Damit es den Erziehungsberechtigten überhaupt möglich ist, den Lernprozess ihres Kindes sinnvoll zu begleiten, müssen sie zunächst wissen, was „Lernen lernen" genau bedeutet, worauf es bei der Umsetzung ankommt und auf welche Art und Weise sie ihr Kind unterstützen können.

Besprechenswert für einen Elternabend erscheinen deshalb folgende Punkte:

- Was ist „Lernen lernen"?
- Die Lernstrategien, die in der jeweiligen Jahrgangsstufe besprochen, eintrainiert und reflektiert werden sollen, werden mit ihren Trainingsbausteinen vorgestellt und ggf. auch mit den Eltern praktisch ausprobiert.
- Die Bedeutung der Unterstützung bei der Umsetzung der Lernstrategien zu Hause, auf deren Umsetzung die Lehrkraft weniger Einfluss hat, wie z. B. die Arbeitsplatzgestaltung zu Hause, das Erledigen der Hausaufgaben und die Vorbereitung der Klassenarbeiten, wird besonders hervorgehoben.

Positiv unterstützendes Verhalten seitens der Erziehungsberechtigten wird daran erkennbar, dass sie z. B. am Lernen und am Lernprozess Interesse zeigen, nachfragen, sich die Lernstrategien und deren Anwendung auch vom eigenen Kind erklären lassen und viele andere Verhaltensweisen mehr.

Als sinnvoll erscheint es, zu Beginn der dritten und zu Beginn der vierten Jahrgangsstufe einen Elternabend zum „Lernen lernen" anzubieten, in dem diese Punkte mit den Eltern besprochen, diskutiert und ggf. im Selbsterfahrungstest ausprobiert werden.
Hilfreich für die genauere Vorbereitung des Elternabends können der Vorschlag für eine zeitliche Verteilung der Lernmethodikbausteine auf die dritte und vierte Jahrgangsstufe (vgl. S. 20), die theoretischen Grundlegungen (vgl. S. 5 ff.) sowie die allgemeinen Hinweise zu jedem Lernmethodikbaustein sein.
Letztlich bieten die Vorschläge für die einzelnen Unterrichtsverläufe sowie die Unterrichtsmaterialien selbst (Kopiervorlagen, Folien und Arbeitsblätter) einen anschaulichen Einblick in die konkrete Umsetzung des Anliegens „Lernen lernen" im Unterricht.

Vorschlag für ein Einladungsschreiben befindet sich auf der folgenden Seite.

____
Datum

**Wer ein Haus baut oder ein Modell bastelt,
legt nicht einfach los,
sondern hält sich an einen Plan.**

Lernen lernen in der Grundschule

Sehr geehrte Eltern der ______________ Jahrgangsstufen,

ich freue mich, Sie zu einem Elternabend zum Thema

„Lernen lernen in der Grundschule"

einladen zu dürfen.

Datum: ____________________

Uhrzeit: ____________________

Der Ort ist abhängig von der Teilnehmerzahl und wird rechtzeitig bekannt gegeben.

Mit freundlichen Grüßen

____
(Klassenleiter/in)

✂- -

Den Elternbrief habe ich/haben wir erhalten.

☐ Ich/wir nehme(n) mit ______ Personen teil.

☐ Ich/wir nehme(n) nicht teil.

____
Unterschrift eines Erziehungsberechtigten

III.
Unterrichtspraktische Konkretisierung

Vorschlag für eine zeitliche Verteilung der Lernmethodikbausteine vor allem für die dritte, aber auch für die vierte Jahrgangsstufe

3. oder 4. Jahrgangsstufe					
• Heft- und Mappenführung (S. 42) • Lern-Drei-Sprung (S. 23) • Arbeitsplatz (S. 60) *Elternabend „Lernen lernen"*	Weihnachten	• Mündliche Mitarbeit (S. 51) • Hausaufgaben (S. 75) • Fünf-Finger-Regel (S. 86)	Ostern	• Lernberater (S. 104) • Lernzielkontrolle (S. 111)	Pfingsten
Erfahrungsgemeinschaften als fester Bestandteil des (Lernen-)Lernens im Unterricht Einplanen bestimmter Zeitreserven für die Reflexion des Lernens mit dem Schwerpunkt der besprochenen und ggf. eintrainierten Lernstrategien (z. B. in Klassenkonferenzen).					

1. Zu Beginn – eine Übersicht der Lernstrategien

Die in Band 1 „Lernen lernen – Lernen lehren" angebotenen Lernstrategien werden i. d. R. an bestimmten Inhalten, z. B. aus dem Fachbereich Heimat- und Sachunterricht oder Deutsch gelernt, ausprobiert und reflektiert.
Es ist möglich, die jeweilige Lernstrategie in einem Heft- oder Mappeneintrag des jeweiligen Faches zu sichern.
Alternativ kann man zu Schuljahresbeginn ein/e Lernstrategieheft oder -mappe anschaffen, in dem die jeweiligen Verhaltensvorschläge, Arbeitsblätter, Hefteinträge, aber auch die eigenen Erfahrungen während der Erprobungsphase in Stichwörtern wie in einem Tagebuch festgehalten und gesammelt werden.
Diese Notizen sind wertvolle Gesprächgrundlage für die Strategiekonferenzen zur Evaluation und Bewertung der jeweiligen Lernstrategie im Klassenverband nach zwei- bis dreiwöchigen Erprobungsphasen.
Die Kopiervorlage „Die 12 Lernstrategien auf einen Blick" (KV 1) kann dabei als Titelblatt für das Heft oder die Mappe dienen. Das Puzzle zeigt die in den beiden Bänden angebotenen Lernmethodikbausteine mit dem für die jeweilige Lernstrategie charakteristischen Logo in der Mitte. Die Strategien des jeweils anderen Bandes sind statt schwarz nur grau abgedruckt.
Das entsprechende Puzzleteil kann am Ende einer Lernmethodikeinheit von den Lernenden farbig gestaltet werden. Auf diese Weise entsteht ein bunter Lernmethodikteppich, der die Vielzahl der ausgewählten Bausteine symbolisiert und gleichzeitig das zunehmende Strategierepertoire und den Lernfortschritt visualisiert.

Benötigtes Material:

☐ KV 1 / Übersicht der Lernstrategien

Name: ____________________	Datum: ________________		KV 1	

Die 12 Lernstrategien auf einen Blick

2. Lern-Drei-Sprung

Allgemeine Hinweise

Was zunächst wie eine sportliche Aktivität (Lern-Drei-Sprung) klingt, ist eine Markierungstechnik, mit Hilfe derer das Auffinden von Schlüsselwörtern in einfachen Texten eingeübt wird. Es handelt sich um eine Kombination von Textverarbeitungsstrategie (1. Sprung), Wiederholungsstrategie (2. Sprung) und bildlich-assoziativer Mnemotechnik (3. Sprung).
Im Unterricht der Grundschule ist es ausreichend, über **eine** Merk- und Markierungstechnik zu verfügen, die in der dritten und vierten Jahrgangsstufe eintrainiert wird.
Der Lern-Drei-Sprung ist einer der ersten Lernmethodikbausteine, der systematisch und lehrgangsorientiert zu Beginn eines Schuljahres eingeführt werden sollte. Hierzu bietet sich besonders das Fach Heimat- und Sachunterricht an.
In einem weiteren Schritt ist der Deutschunterricht zum Eintrainieren des Lern-Drei-Sprungs besonders geeignet.
Das Konzept des Lern-Drei-Sprungs, einen Text zu lesen, auf Schlüsselwörter zu untersuchen, und damit den Inhalt im Ansatz zu erfassen, dient der Entwicklung des sinnverstehenden Lesens. Die Fähigkeit aus Texten relativ schnell Informationen zu gewinnen, ermöglicht eine leichtere Erschließung von Inhalt und Gehalt einer Textvorlage.

Der Lern-Drei-Sprung besteht aus drei Sprüngen:

1. Sprung: Durchlesen, Unterstreichen und Markieren der wichtigen Wörter:
Die Schüler lesen einen Text und unterstreichen, bzw. markieren die für sie wichtigen Wörter.
Das Lesen ist dabei stets aktiver Konstruktionsprozess. Der Lernende verschafft sich einen Überblick über den Text.
Mit dem Unterstreichen und Markieren der wichtigen Wörter unterscheidet der Lernende Wesentliches und Unwesentliches. So werden unwichtige Stellen in den Hintergrund gedrängt, während auf wichtige die Aufmerksamkeit gelenkt und der Text zusätzlich strukturiert wird. Somit werden letztendlich der Lernakt und die Gedächtnisleistung gefordert und gefördert.

2. Sprung: Mehrmals halblaut Vorlesen und auf Stichwörter achten:
Um sich die im Text enthaltenen Informationen besser einzuprägen, lesen sich die Schüler den Text halblaut vor und achten dabei besonders auf die im 1. Sprung unterstrichenen Stichwörter.
Diese Schlüsselwörter erleichtern das Einprägen und Abrufen der jeweiligen Information. Durch mehrmaliges halblautes Lesen wird die Aufmerksamkeit auf das Lernmaterial gerichtet, dieses wird selektiert und in kognitive Strukturen integriert.

3. Sprung: Schwer zu Merkendes noch einmal abschreiben und ein Bild daneben malen:
Nur die Schlüsselwörter oder Zusammenhänge, die man sich überhaupt nicht, also auch nach mehrmaligen Wiederholungen nicht merken kann, werden noch einmal abgeschrieben. Als zusätzliche Erinnerungshilfe wird ein Bild dazu gemalt.
Hierbei muss sich der Lernende zunächst selbst kontrollieren. Das Überwachen des eigenen Lernens wird als metakognitive Strategie bezeichnet. Der Lernende stellt im Wiederholungsprozess fest, dass sich einige Informationseinheiten nicht oder nur schwer abrufen lassen.
Der Lernende schreibt die Kernbegriffe noch einmal ab, d. h. er stellt Verbindungen zwischen den „verfallenen" Informationen und bereits bestehenden Wissenseinheiten her mit dem Ziel, dieses „neue" Wissen in schon bestehende kognitive Strukturen zu reintegrieren.
Zusätzlich malt er als Merkhilfe ein Bild dazu. Das Malen von Vorstellungsbildern schafft Assoziationen und ordnet die Informationseinheiten. Die von den Lernenden erstellten Bilder können dabei nicht nur eine mnemotechnische Funktion, sondern auch eine erklärende bzw. verstehensfördernde Funktion erfüllen. Sie erleichtern ein Abrufen und beugen dem Vergessen vor. Der Notizzettel dient dabei als „externer Speicher".

Zusammenfassung:
Der Lern-Drei-Sprung unterstützt den an sich komplexen Prozess der Auseinandersetzung mit der Textgrundlage und erhöht somit sowohl das Leseverständnis als auch die Behaltensleistung.

Einführung des Lern-Drei-Sprungs

Es empfiehlt sich, die Einführung des Lern-Drei-Sprungs sowie das Eintrainieren an einfachen, kurzen und verständlichen Texten einzuüben. Der Bedeutungsgehalt solcher Texte kann ohne größere Schwierigkeiten entnommen werden und

die kognitive Struktur ist leichter und eindeutiger zugänglich.
Die Einführung einer Markierungstechnik bietet sich gerade im Heimat- und Sachunterricht anhand der Heft- und Mappeneinträge an, weil die Texte in der Regel bereits von der Lehrkraft durchstrukturiert und dem jeweiligen Niveau der Klasse angepasst sind.
Das Wichtigste ist schon knapp zusammengefasst und die Thematik ist bereits im Unterricht besprochen worden. So fällt das Selektieren wichtiger Informationen leichter, und die Lernenden erleben sich selbst als erfolgreicher im Finden der Kernbegriffe.
Die Schüler können keine größeren Fehler machen, da das, was sie unterstreichen, für sie das Wichtigste ist. Die Auswahl wird allein durch die individuelle Entscheidung getroffen.
Die Schüler können im Folgenden leichter von der Lehrkraft auf dem Weg beraten und begleitet werden, zwischen wichtigen und unwichtigen Informationen sowie Füllwörtern zu unterscheiden.
Am Wichtigsten erscheint bei der Strategie des Lern-Drei-Sprungs, dass die Schüler **aktiv** mit der Textvorlage arbeiten, da die Strategie von den Aktivitäten des Lernenden geformt wird.

Unterrichtssequenz

Lern-Drei-Sprung	
Vorbereitende Unterrichtszeiteinheiten mit daraus resultierender Hausaufgabe	
1. und 2. UZE:	Einführung des Lern-Drei-Sprungs (1. und 2. Sprung)
3. und 4. UZE:	Einführung des Lern-Drei-Sprungs (3. Sprung)
Training/Automation: Der Lern-Drei-Sprung wird zur unterrichtsbegleitenden Konstanten bei der Sicherung und Wiederholung von Lernstoff. Als Textgrundlage dienen die Heft-/Mappeneinträge der Lernenden.	

Unterrichtspraktische Umsetzung

Vorwissen der Kinder

Für diese UZE ist kein besonderes Vorwissen der Kinder notwendig.

Vorbereitung

Um die Lernenden von der Notwendigkeit zu überzeugen, sich eine Lerntechnik anzueignen, erhalten sie zunächst einen Lernauftrag, der sie überfordert. Ein mögliches Thema ist die gesunde Ernährung, mit dem diese Unterrichtssequenz zum Lern-Drei-Sprung gestaltet wurde.

Möglicher Unterrichtsverlauf

Vorbereitende UZE

Benötigtes Material:
☐ KV 1–2 / Lern-Drei-Sprung: Differenzierte Informationstexte
☐ KV 3–5 / Lern-Drei-Sprung: Arbeitsaufträge
☐ KV 7a / Lern-Drei-Sprung: „Die Bausteine unserer Nahrung“ (Arbeitsblatt)
☐ KV 7b / Lern-Drei-Sprung: „Die Bausteine unserer Nahrung“ (Lösungsbogen)

Die Kinder entnehmen arbeitsteilig Informationen aus Texten (KV 1 und 2).
Eine methodische Möglichkeit ist die Informationstexte wie zu einem Laufdiktat an gut zugänglichen Stellen im Klassenzimmer aufzuhängen. Wichtig ist es in diesem Zusammenhang, die Schüler darauf hinzuweisen, dass sie nur ihren eigenen Text entsprechend des Arbeitsauftrages bearbeiten. Hat ein Schüler beispielsweise den Arbeitsauftrag herauszufinden, welche Aufgaben das Eiweiß erfüllt, sollte er sich beim Lesen auf den entsprechenden Text „Eiweiß“ beschränken.
Dies sollen die Schüler einzeln oder mit einem Partner durchführen, indem sie die Information aus dem Text entnehmen und diese an ihrem Sitzplatz in Stichwörtern notieren.
Anschließend erarbeiten die Kinder im Klassengespräch die Lösungen für „Die Bausteine unserer Nahrung“ (KV 7b).

Die Schüler sollen in der nächsten Stunde wissen, was auf diesem Blatt steht. Diese vorbereitende Hausaufgabe ist Grundlage zur Verbalisierung und Analyse des eigenen Lernverhaltens.

Möglicher Unterrichtsverlauf

1. und 2. UZE: Einführung des Lern-Drei-Sprungs (1. und 2. Sprung)

Grobziel

Die Schüler sollen den Lern-Drei-Sprung am Beispiel des Arbeitsblattes „Die Bausteine unserer Nahrung" als eine Möglichkeit kennen lernen, sich den Inhalt von Texten zu merken.

Benötigtes Material:

- ☐ KV 7a / Lern-Drei-Sprung: „Die Bausteine unserer Nahrung" (Arbeitsblatt)
- ☐ KV 7b / Lern-Drei-Sprung: „Die Bausteine unserer Nahrung" (Lösungsbogen/Folie)
- ☐ KV 8a / Lern-Drei-Sprung: Der Lern-Drei-Sprung (Arbeitsblatt)
- ☐ KV 6 / Lern-Drei-Sprung: Grafik (ggf. als Tafelbild vergrößern)

Durchführung

Einstieg

Als Grundlage zur Verbalisierung und Analyse des eigenen Lernverhaltens dient die vorbereitende Hausaufgabe, zu wissen, was auf dem Arbeitsblatt „Die Bausteine unserer Nahrung" (KV 7a) steht.
Die Lehrkraft weist darauf hin, dass es sich lediglich um eine Überprüfung für den Schüler und nicht für den Lehrer handelt.
Lehrerimpuls:
Du hattest als Hausaufgabe auf, dir zu merken, was auf dem Arbeitsblatt „Die Bausteine unserer Nahrung" steht.
Ich stelle ein paar Fragen. Du brauchst dich nicht zu melden. Nach einer kurzen Zeit, in der du überlegen kannst, ob du die Antwort weißt, sage ich die Lösung. Es wird nichts benotet. Du hast einfach die Möglichkeit zu testen, wie viel du dir hast merken können. Mache dir für jede Information, die du nicht oder nicht genau weißt, einen Strich auf dein Blockblatt. Es geht jetzt nicht darum, wer die wenigsten Striche hat. Es ist lediglich ein Test.
Die dabei von der Lehrkraft gestellten Fragen zum Arbeitsblattinhalt beinhalten auch schwierige Fragen. Zum Schluss zählen die Schüler die Striche und notieren sich die Gesamtanzahl als Ziffer.
Im Anschluss tragen die Schüler im Gespräch und an der Tafel zusammen, wie sie sich Informationen merken können. So soll das eigene Lernverhalten reflektiert werden.

TA 1 und 2

Reflexion

Nach der Reflexion des eigenen Lernverhaltens lernen die Schüler eine weitere Lernmethode kennen.

Lehrerimpuls:
Ich möchte dich einladen, eine weitere Möglichkeit kennen zu lernen, wie du dir die Informationen auf Arbeitsblättern und Hefteinträgen besonders gut merken kannst.

TA 3: Lern-Drei-Sprung

TA 4: Grafik (KV 6 / Lern-Drei-Sprung)

Lehrerimpuls:
Der Lern-Drei-Sprung heißt Lern-Drei-Sprung, weil man, bevor man die Informationen kennt, die auf dem Arbeitsblatt stehen, etwas tun muss.
Man muss über Hindernisse, so genannte Hürden springen. Das kann anstrengend sein, wie bei einem Hürdenlauf. Wenn du allerdings alle drei Hürden übersprungen hast, bist du am Ziel. Du kannst dich dann sehr gut an das erinnern, was auf dem Arbeitsblatt steht.

TA 5: Durchlesen, Unterstreichen und Markieren der wichtigen Wörter

Erarbeitung

Die Kinder besprechen in Partnerarbeit die wichtigsten Wörter aus TA 5. Diese Gedanken werden gesammelt und an der Tafel unterstrichen.

TA 6

Anwendung des 1. Sprungs

In Einzelarbeit werden die wichtigen Wörter auf dem Arbeitsblatt „Die Bausteine unserer Nahrung" (KV 7a) unterstrichen.
Danach werden die Vorschläge gesammelt und kontrolliert. Entsprechend der Folie mit den Lösungswörtern (KV 7b) unterstreicht die Lehrkraft nur die wichtigsten Wörter.

Hinweis für die Lehrkraft

Bei der Besprechung ist es wichtig, die Schüler zu beruhigen, wenn diese mehr oder andere Sachen unterstrichen haben, schließlich haben sie das für sie Wichtigste unterstrichen. Trotzdem gibt die Lehrkraft Denkanstöße, warum einige Wörter nicht unterstrichen werden müssen.

Die Lehrkraft notiert den 2. Sprung des Lern-Drei-Sprunges.

TA 7

Welche Stichwörter besonders wichtig sind, sollen die Schüler zunächst in einem Partnergespräch ermitteln.
Diese werden dann an der Tafel unterstrichen.

TA 8

Anwendung des 2. Sprungs

Lehrerimpuls:
Wende nun den 2. Sprung an. Nimm dazu das Arbeitsblatt (KV 7a) und versuche dir die Informationen zu merken.
Sprich nur so laut, dass du deinen Nachbarn nicht störst. Achte besonders auf die Stellen, die du nicht gewusst hast.
Wenn du schneller fertig bist, kannst du dir im Kopf Fragen stellen, die du selbst beantwortest und dann kontrollierst, ob deine Antwort richtig ist.
Danach werde ich dir die gleichen Fragen stellen, wie zu Beginn der Stunde.

Abschluss

Die Lehrkraft stellt wie beim Einstieg Fragen und gibt wiederum nach kurzer Zeit die Antworten. Die Kinder machen wieder Striche, zählen diese zusammen und schreiben das Ergebnis auf.
In einem Klassengespräch sollen die Schüler die Ergebnisse der beiden Fragerunden miteinander vergleichen und daraufhin die Wirksamkeit des Lern-Drei-Sprungs diskutieren. Des Weiteren sollen die am Anfang genannten Möglichkeiten mit den Methoden bzw. den Sprüngen des Lern-Drei-Sprungs verglichen werden.
Nach der Besprechung tragen die Schüler den ersten und zweiten Sprung des Lern-Drei-Sprungs auf dem Arbeitsblatt (KV 8a / Lern-Drei-Sprung) ein.

Anwenden der ersten beiden Sprünge des Lern-Drei-Sprungs auf einem anderen Arbeitsblatt oder Hefteintrag aus der Mappe/dem Heft der Schüler.

Darauf muss ich als Lehrender bei der Durchführung achten:

- Nicht alle Kinder verbessern sich bei dem zweiten Durchgang. In der Regel ist allerdings eine Verbesserung zu erwarten. Auf eine genügend lange Einprägungszeit zur Anwendung des zweiten Sprungs mit dem Verweis auf die Stichwörter ist zu achten.
- Es gelingt nur sehr wenigen Schülern von Beginn an, wenige Worte zu unterstreichen. Die Heft- und Mappeneinträge sind eine gute Trainingsmöglichkeit, sukzessive die Anzahl der unterstrichenen Wörter zu reduzieren.

Weiterführung und Training

Die Schüler erhalten im Unterricht die Möglichkeit, z. B. ritualisiert am Ende der Stunde im Heimat- und Sachunterricht, mit einem Partner das Wichtige des neuen Hefteintrags zu unterstreichen. Die Lehrkraft sammelt die Vorschläge und unterstreicht auf Grund dessen beispielhaft an der Tafel oder auf der Folie.

Tafelbild: 1. und 2. Unterrichtszeiteinheit: Einführung Lern-Drei-Sprung (1. und 2. Sprung)

Vorschläge – – – TA 2 – – –	So kann ich mir das, was auf einem Blatt steht, merken!	TA 1
	Der Lern-Drei-Sprung	TA 3
	Der Lern-Drei-Sprung 	TA 4
	1. Sprung Durchlesen Unterstreichen und Markieren der wichtigen Wörter	TA 5 TA 6
	2. Sprung Mehrmals halblaut vorlesen	TA 7
	Auf Stichwörter achten	TA 8

Das Unterstreichen und Markieren kann in den folgenden Wochen zunehmend als Hausaufgabe selbstständig erledigt werden. Von Zeit zu Zeit wird die Thematik von der Lehrkraft wieder aufgenommen und besprochen.

Möglicher Unterrichtsverlauf

3. und 4. UZE: Einführung des Lern-Drei-Sprungs (3. Sprung)

Grobziel

Die Schüler sollen den 3. Sprung des Lern-Drei-Sprungs kennen lernen und überprüfen, ob das Herausschreiben und das Malen eines Bildes dazu ein Erfolg versprechendes Vorgehen ist, sich schwer zu Merkendes einzuprägen.

Hinweis für die Lehrkraft
Diese Unterrichtszeiteinheiten erfolgen erst einige Zeit nach der Einführung der ersten beiden Sprünge des Lern-Drei-Sprungs, um das Identifizieren und Unterstreichen der wichtigen Wörter stärker automatisieren zu lassen.

Benötigtes Material:
- ☐ KV 8a / Lern-Drei-Sprung: Der Lern-Drei-Sprung (Arbeitsblatt)
- ☐ KV 9 / Lern-Drei-Sprung: Der Lern-Drei-Sprung-Test
- ☐ KV 10 / Lern-Drei-Sprung: Wörterliste und Abbildungen
- ☐ KV 11 / Lern-Drei-Sprung: Hören, Lesen, Sehen und Malen

Durchführung

Anknüpfung
Lehrerimpuls:
Du kennst eine Möglichkeit, wie du dir die Informationen im Heimat- und Sachunterricht besonders gut merken kannst.
Schüler wiederholen den 1. und 2. Sprung des Lern-Drei-Sprungs.

Lehrerimpuls:
Was mich wundert ist, der Sprung heißt Lern-Drei-Sprung.
Die Schüler sollen sich frei dazu äußern.

Lehrerimpuls:
Du wirst heute den 3. Sprung des Lern-Drei-Sprungs kennen lernen. Dieser Sprung gilt für Informationen, die du dir besonders schwer merken kannst. Überlege und besprich mit deinem Partner, ob dir etwas einfällt, was du dir ganz schwer merken kannst, immer wieder vergisst oder verwechselst. Besprecht auch, was ihr tut, um es euch trotzdem zu merken.

Die Lehrkraft notiert den 3. Sprung des Lern-Drei-Sprungs auf der Folie (KV 8b), woraufhin Schülerbeispiele gesammelt werden.

Erarbeitung
Lehrerimpuls:
Ich bin mir nicht sicher, ob das Abschreiben und das Malen eines Bildes wirklich helfen. Vielleicht reicht ja auch ein Durchlesen oder einfach nur Zuhören. Das testen wir aus.

Hinweis für die Lehrkraft
Der Lern-Drei-Sprung-Test (KV 9), bei dem es sich nicht um einen Test im wissenschaftlichen Sinne handelt, stellt eine Übersicht der folgenden Beobachtungen dar.
Die Lehrkraft führt die vier „Tests" durch. Dabei ist zu beachten, dass zwischen dem Einprägen und dem Abrufen eine Pause liegen muss. Diese sollte durch ein kurzes Spiel, das vom Lerninhalt ablenkt, z. B. Rechnen von Matheaufgaben, Auflegen von optischen Täuschungen oder Konzentrationsspielen, aufgelockert werden. Die Schüler können ihre Begriffe aufschreiben (KV 11).

Hinweis für die Lehrkraft
Es ist sinnvoll, die vier Tests an vier verschiedenen Tagen durchzuführen. Die Ergebnisse können sonst beispielsweise durch Ermüdung verfälscht werden.

1. Test: Hören
Die Lehrkraft liest eine Liste von 10 Begriffen (vgl. KV 7b / Lern-Drei-Sprung) zweimal langsam vor.
Danach wird ein kurzes Pausenspiel gespielt. Als Pausenspiele eignen sich sehr gut Rechenspiele, z. B. mit einer bestimmten Anzahl von Würfeln die größte bzw. kleinste Summe oder das größte/kleinste Produkt zu bilden. Durch das anstrengende Rechnen werden die Kinder von den zu merkenden Begriffen abgelenkt.
Nun sollen die Schüler die Begriffe notieren, die sie sich gemerkt haben (KV 11). Dies wird anschließend kontrolliert.

2. Test: Still lesen
Die Lehrkraft gibt eine bestimmte Zeit vor, in der die Kinder die Begriffsliste (KV 10) zweimal lesen sollen.

Darauf folgt wieder ein kurzes Pausenspiel.
Wie beim „Hören" sollen die Schüler die Begriffe zuerst notieren (KV 11) und anschließend kontrollieren.

3. Test: Sehen
Die Lehrkraft benennt kurz die einzelnen Bilder (KV 10) und gibt den Schülern dann etwas Zeit, sich die Bilder einzuprägen. Wie beim 1. und 2. Test folgt ein Pausenspiel, dann das Notieren der Begriffe (KV 11) sowie die Kontrolle.

4. Test: Hören und malen
Die Lehrkraft nennt einen Begriff und die Kinder malen ein für sie passendes Bild in das Kästchen (KV 11). Nach einem kurzen Pausenspiel schreiben die Kinder neben ihr Bild den entsprechenden Begriff (KV 11) und kontrollieren dies anschließend.

Hinweis für die Lehrkraft
Da das gemalte Bild ein zusätzlicher, externer Speicher ist, ist es wahrscheinlich, dass der Test „Hören und malen" am besten abschneidet. Dieses Ergebnis kann gewinnbringend bei der Reflexion über die Nützlichkeit des Sprungs besprochen werden.

Nach der Durchführung der 4 Tests sollen die Schüler die unterschiedlichen Möglichkeiten hinsichtlich Aufwand und Ertrag reflektieren.

Abschluss
Die Schüler tragen den 3. Sprung des Lern-Drei-Sprungs auf ihrem Arbeitsblatt ein (KV 8a).

Anwendung des 3. Sprungs

Die Schüler wählen etwas aus, das sie sich nicht oder nur sehr schwer merken können und führen den 3. Sprung des Lern-Drei-Sprungs, nach einem gemeinsam mit der Lehrkraft besprochenen Beispiel, an einem eigenen Blatt durch, heften ihre „Lösungen" an die Tafel und vergleichen die unterschiedlichen Darstellungsmöglichkeiten ohne sie zu bewerten.

Darauf muss ich als Lehrender bei der Durchführung achten:

- Es scheint zunächst mehr Arbeit zu sein, sich etwas aufzuschreiben und aufzumalen. Betrachtet man allerdings, wie viel Zeit es kostet, wenn man eine Informationsmenge wieder und wieder durchlesen muss, stehen Aufwand und Ertrag in einem guten Verhältnis. Auf diesen Aspekt ist bei der Besprechung der Wirksamkeit des Lern-Drei-Sprungs zu achten.
- Es ist den Schülern ins Bewusstsein zu rücken, dass der dritte Sprung des Lern-Drei-Sprungs nur bei den Informationen anzuwenden ist, die sie sich nicht oder nur sehr schwer merken können. Damit wird einem Missverständnis vorgebeugt, der jeweilige Heft- oder Mappeneintrag müsste noch einmal in Stichworten abgeschrieben und bebildert werden.
- Nahezu als Zumutung empfinden manche Schüler die Pausenspiele vor dem Aufschreiben. In der Reflexion gelingt es den Lernenden jedoch meist den Schluss zu ziehen, dass zwischen dem Lernen zu Hause und dem „Wissen" in der Schule auch eine Pause liegt.
- Zunächst erschien es manchmal so, als bedürften manche Lernende der Hilfestellung bei der Entscheidungsfindung, was für ein Bild sie zu den jeweiligen Begriffen malen sollen. Der Hinweis, dass die Abbildungen nur für sie selbst seien und deshalb keine Kunstwerke werden müssten, hilft den meisten Kindern schon bei diesem Problem weiter.
  Gleichzeitig können die Abbildungen auch Diskussionsstoff bieten, wenn es nämlich darum geht, zunächst schwer erkennbare Zeichnungen zu erklären.
  Dieser Anwendungsprozess ist auf vielerlei Ebenen hilfreich. Das teilweise konzentrierte lange Überlegen, bis ein Bild gefunden wird, erhöht teilweise sogar die Behaltensleistung. Außerdem vertieft sich das Erinnern für den Schüler, der sein Bild erklärt und ferner bekommen die Zuhörer weitere Möglichkeiten aufgezeigt, wie man sich Dinge, die man sich merken möchte, bildlich darstellen kann.

Weiterführung und Training

In einer weiteren Unterrichtszeiteinheit kann thematisiert werden, welcher der drei Sprünge denn der Wichtigste sei oder ob man die Reihenfolge der Sprünge vertauschen kann.
Wichtig ist es im weiteren Schuljahresverlauf, den Kindern Trainingsmöglichkeiten an die Hand zu geben, den Lern-Drei-Sprung anzuwenden.
Wie bereits angedeutet bieten dazu die Heft- und Mappeneinträge im Heimat- und Sachunterricht eine gute Möglichkeit. Das Markieren der wichtigen Worte in einem Satz oder in Texten kann und sollte auch in den anderen Fächern seine Anwen-

dung finden, z. B. bei Zusammenfassungen im Deutsch- oder Mathematikunterricht.
Die Lernstrategie des Lern-Drei-Sprungs kann auf diese Art und Weise zur unterrichtsbegleitenden Konstanten werden. Am Ende jeder Heimat- und Sachunterrichtseinheit erhalten die Schüler fünf Minuten Zeit, soweit sich dies anbietet, mit einem Partner die wichtigen Wörter zu unterstreichen. Die Schüler wiederholen auf diese Art und Weise noch einmal das bisher Gesicherte und fassen es in unterstrichener Form zusammen.
Bei zunehmender Selbstständigkeit können die Schüler den Lern-Drei-Sprung auch zu Hause anwenden.
Diese Formen der Anwendung erscheinen besonders geeignet, den Lern-Drei-Sprung in ein Lernverhalten übergehen zu lassen, das im Alltag tatsächlich angewandt wird.
Immer wieder wird es von Bedeutung sein, das „Nicht-Wissen von Informationen" als gute Chance zu nutzen, den 3. Sprung des Lern-Drei-Sprungs anzuwenden. Da der 3. Sprung einen nicht unerheblichen Arbeitsaufwand darstellt, ist es wichtig, dieser Anwendung im Unterricht immer wieder Raum zu geben, um eine Anwendung zu Hause wahrscheinlicher zu machen.
Als Unterstützung kann das Raster für die Heftführung verwendet werden (KV 3 und 4/Heft- und Mappenführung).
An dieser Stelle soll nicht die Qualität des Unterstrichenen von der Lehrkraft bewertet werden, sondern ob erkennbar ist, ob mit dem Blatt gearbeitet wurde. Ob der Schüler es letztendlich weiß, ist nicht überprüfbar, wenn nur das Heft angesehen wird. Die Wahrscheinlichkeit ist aber höher, dass der Schüler es wissen könnte,.
In diesem Zusammenhang ist es im weiteren Verlauf wichtig, die Eltern dafür zu sensibilisieren, die Kinder selbstständig mit den Texten arbeiten zu lassen und nur beratend zur Seite zu stehen. Gleichzeitig können die Eltern wichtige Kontrollhilfe sein.

Kopiervorlage

KV 6: Grafik für Tafelbild

Lern-Drei-Sprung

Vitamine

Zu den notwendigen Bestandteilen der Nahrung gehören Vitamine.

Der Mensch braucht Vitamine, damit er nicht krank oder so leicht müde wird und sich besser konzentrieren kann. Besonders im Winter sind Vitamine wichtig, um sich vor Erkältungen zu schützen.

Vitamine findest du zum Beispiel in Obst und Gemüse.

Es ist wichtig, Gemüse und Obst nicht lange zu lagern, da sie ansonsten einen Teil des Vitamingehalts verlieren können.

Fette

Fette liefern große Energiemengen an den Körper. Dadurch bekommt der Körper Kraft und Wärme. Im Alter von 6 bis 10 Jahren solltest du am Tag nicht mehr als 20–25 Gramm Fett aufnehmen. Fette, die du nicht verbrauchst, lagert der Körper als Fettschichten ab.

Die ständige Aufnahme von zu viel Fett macht erst dick und später oft krank. Fett findest du in Butter, Margarine und Öl. Versteckte Fette verbergen sich in Wurst, Pommes frites, Gebäck oder Schlagsahne.

Eiweiß

Für den Aufbau des Körpers braucht der Mensch tierische und pflanzliche Eiweiße.

Tierische Eiweiße sind in Fleisch enthalten.

Pflanzliche Eiweiße sind in Pflanzen, wie z. B. Bohnen oder Linsen enthalten.

Haare, Haut und Muskeln sind aus Eiweiß aufgebaut. Kinder im Alter von 7 bis 9 Jahren benötigen etwa 30 Gramm Eiweiß pro Tag.

Mineralstoffe

Ohne Mineralstoffe können wir nicht leben, weil sie Baustoffe des Körpers sind.

Mineralstoffe sind zum Beispiel:

Eisen ist ein Mineralstoff, der den Farbstoff für unser Blut enthält. Du findest es in Fleisch, Vollkornprodukten und Hülsenfrüchten.

Kalzium ist ein wichtiger Bestandteil für die Knochen. Ohne Kalzium werden Knochen und Zähne brüchig und nicht mehr tragfähig. Kalzium ist in Milch, Käse, Nüssen und Vollkornprodukten enthalten.

Kohlenhydrate

Kohlenhydrate liefern Energie an den Körper. Durch sie bekommt der Körper Wärme und Kraft.

Zucker, wie zum Beispiel Rohr- oder Rübenzucker, oder Stärke, wie du sie in Kartoffeln oder Brot findest, sind Kohlenhydrate.

Kohlenhydrate, die der Körper nicht braucht, werden als Fettschichten abgelagert.
Wenn du also zu viel davon isst, wirst du dick, beziehungsweise greift der Zucker deine Zähne an.

Wasser

Wasser braucht der Körper, damit er nicht austrocknet.

Die Flüssigkeit sorgt für den Transport der Nährstoffe im Körper.

Am besten eignen sich Mineralwasser, Tees oder verdünnte Fruchtsäfte zum Trinken.

Dein Auftrag:

Notiere auf dem Notizblock:

1. Welche Aufgaben erfüllen Vitamine?
2. Finde mindestens zwei Nahrungsmittel, in denen Vitamine enthalten sind.

Vergleiche dein Ergebnis mit den Ergebnissen aus deiner Gruppe.

Viel Erfolg.

Für schnelle Schüler

Spezialauftrag

Solltest du schon fertig sein, malst du unter deine Notizen Lebensmittel, in denen Vitamine vorkommen.

Dein Auftrag:

Notiere auf dem Notizblock:

1. Welche Aufgaben erfüllen Fette?
2. Finde mindestens zwei Nahrungsmittel, in denen Fette enthalten sind.

Vergleiche dein Ergebnis mit den Ergebnissen aus deiner Gruppe.

Viel Erfolg.

Für schnelle Schüler

Spezialauftrag

Solltest du schon fertig sein, malst du unter deine Notizen Lebensmittel, in denen Fette vorkommen.

Dein Auftrag:

Notiere auf dem Notizblock:

1. Welche Aufgaben erfüllt Eiweiß?
2. Finde mindestens zwei Nahrungsmittel, in denen Eiweiß enthalten ist.

Vergleiche dein Ergebnis mit den Ergebnissen aus deiner Gruppe.

Viel Erfolg.

Für schnelle Schüler

Spezialauftrag

Solltest du schon fertig sein, malst du unter deine Notizen Lebensmittel, in denen Eiweiß vorkommt.

Dein Auftrag:

Notiere auf dem Notizblock:

1. Welche Aufgaben erfüllen Mineralstoffe?
2. Finde mindestens zwei Nahrungsmittel, in denen Mineralstoffe enthalten sind.

Vergleiche dein Ergebnis mit den Ergebnissen aus deiner Gruppe.

Viel Erfolg.

Für schnelle Schüler

Spezialauftrag

Solltest du schon fertig sein, malst du unter deine Notizen Lebensmittel, in denen Mineralstoffe vorkommen.

Dein Auftrag:

Notiere auf dem Notizblock:

1. Welche Aufgaben erfüllen Kohlenhydrate?
2. Finde mindestens zwei Nahrungsmittel, in denen Kohlenhydrate enthalten sind.

Vergleiche dein Ergebnis mit den Ergebnissen aus deiner Gruppe.

Viel Erfolg.

Für schnelle Schüler

Spezialauftrag

Solltest du schon fertig sein, malst du unter deine Notizen Lebensmittel, in denen Kohlenhydrate vorkommen.

Dein Auftrag:

Notiere auf dem Notizblock:

1. Welche Aufgaben erfüllt Wasser?
2. Finde mindestens zwei Nahrungsmittel, in denen Wasser enthalten ist.

Vergleiche dein Ergebnis mit den Ergebnissen aus deiner Gruppe.

Viel Erfolg.

Für schnelle Schüler

Spezialauftrag

Solltest du schon fertig sein, malst du unter deine Notizen Lebensmittel, in denen Wasser vorkommt.

Name: ____________ Datum: ____________  KV 7a

Die Bausteine unserer Nahrung

Name des Bausteins	Dafür braucht ihn der Körper	Nahrungsmittel	Male mindestens zwei Beispiele:

Name: ______________________ Datum: ______________________  KV 7b

Die Bausteine unserer Nahrung

Name des Bausteins	Dafür braucht ihn der Körper	Nahrungsmittel	Male mindestens zwei Beispiele:
Fett	Energie für den Körper	Öl Butter	
Kohlenhydrate	Energie für den Körper	Zucker Brot Kartoffeln	
Eiweiß	zum Aufbau des Körpers	Eier Käse	
Vitamine	Schutz vor Krankheit man kann sich besser konzentrieren	Orangen Karotten Salat	
Mineralstoffe	Baustoff für den Körper	Milch Hülsenfrüchte	
Wasser	Nährstofftransport	Mineralwasser Tee	

Name: ______________________ Datum: ______________________ KV 8a

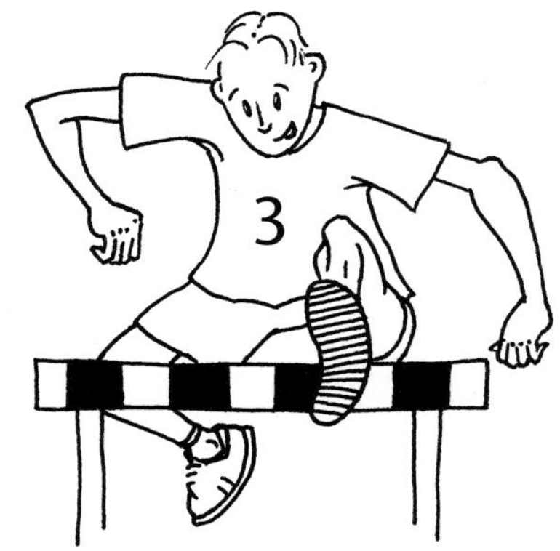

Name: ____________________ Datum: ____________________ KV 8b

Lern-Drei-Sprung

Durchlesen, Unterstreichen und Markieren der wichtigen Wörter	mehrmals halblaut vorlesen; auf Stichwörter achten;	schwierig zu Merkendes noch einmal abschreiben; ein Bild daneben malen;

Arbeitsauftrag:

Hinweis für die Lehrkraft:
Die Lehrkraft führt die vier Tests durch. Dabei ist zu beachten, dass zwischen dem Einprägen und dem Abrufen eine Pause herrscht. Diese sollte durch ein kurzes Spiel, das vom Lerninhalt ablenkt (z. B. Rechnen von Matheaufgaben, Auflegen von optischen Täuschungen, Konzentrationsspielen, …), gefüllt sein. Die Schüler können ihre Begriffe auf KV 11 / Lern-Drei-Sprung aufschreiben.

Hören:

Die Wörter werden zweimal vorgelesen.

Still lesen:

Die Lernenden lesen eine Wortliste zweimal durch.

Sehen:

Die Bilder werden alle auf einmal angesehen. Die Lehrkraft benennt einmal jedes Bild ohne näher darauf einzugehen. Nach einem Pausenspiel werden die Begriffe notiert.

Hören und malen:

Die Lehrkraft nennt einen Begriff und die Kinder malen ein für sie passendes Bild in das Kästchen.

Pausenspiele:

Als Pausenspiele eignen sich sehr gut Rechenspiele, z. B. mit einer bestimmten Anzahl von Würfeln die größte/kleinste Summe oder das größte/kleinste Produkt bilden.
Durch das anstrengende Rechnen werden die Kinder von den zu merkenden Begriffen abgelenkt.

Hören	**Still lesen**	**Sehen**	**Hören und Malen**
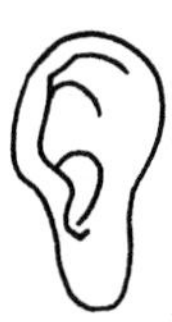			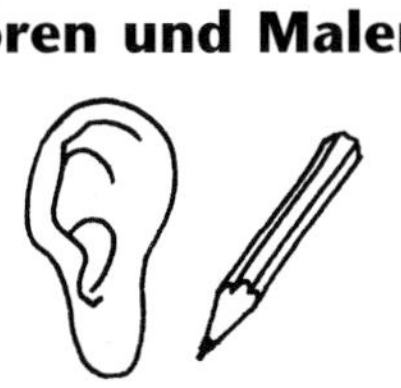
1. Hausaufgaben 2. Batterie 3. Ast 4. Lampe 5. Haus 6. Schachtel 7. Dachziegel 8. Taxi 9. Brotmesser 10. Gerechtigkeit	1. Hamburger 2. Salatblatt 3. Türgriff 4. Radio 5. Sack 6. Rohr 7. Decke 8. Kopfkissen 9. CD-Spieler 10. Schneemann	1. Ananas 2. Bus 3. Heft 4. Fenster 5. Ball 6. Tisch 7. Bilderrahmen 8. Tür 9. Besen 10. Lautsprecher	1. Wiese 2. Feuer 3. Brücke 4. Polizei 5. Eimer 6. Stift 7. Hose 8. Geld 9. Zaun 10. Tasse

Lies die Wörterliste zweimal durch und versuche dir alle Wörter einzuprägen.

1. Hamburger
2. Salatblatt
3. Türgriff
4. Radio
5. Sack
6. Rohr
7. Decke
8. Kopfkissen
9. CD-Spieler
10. Schneemann

Name: ______________	Datum: ______________	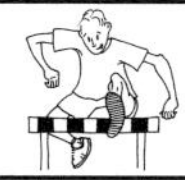	KV 11

Hören 

1. ______________
2. ______________
3. ______________
4. ______________
5. ______________
6. ______________
7. ______________
8. ______________
9. ______________
10. ______________

Still lesen 

1. ______________
2. ______________
3. ______________
4. ______________
5. ______________
6. ______________
7. ______________
8. ______________
9. ______________
10. ______________

Sehen 

1. ______________
2. ______________
3. ______________
4. ______________
5. ______________
6. ______________
7. ______________
8. ______________
9. ______________
10. ______________

Hören und Malen 

	1. ______________
	2. ______________
	3. ______________
	4. ______________
	5. ______________
	6. ______________
	7. ______________
	8. ______________
	9. ______________
	10. ______________

3. Heft- und Mappenführung

Allgemeine Hinweise

Die Heftführung gehört zu den ressourcenbezogenen Strategien, die Lernaktivitäten organisieren und im Bereich des Wiederholens in der Grundschule von grundlegender Bedeutung ist.
Ein sauber geführtes Heft erleichtert die Informationsentnahme und ist damit eine solide Basis, Wichtiges auf den Blättern zu identifizieren, memorieren oder zu korrigieren.
Besondere Bedeutung erhält die Heftführung im Bereich des Mathematikunterrichts. Dort ist sie oftmals Hilfe, wenn nicht sogar Voraussetzung auf dem Weg zur richtigen Lösung der gestellten Aufgaben.

Unterrichtssequenz

Heft- und Mappenführung	
1. UZE:	Ein sauberer Heft-/Mappeneintrag
Training/Automation: Einübung und Reflexion erfolgen situationsorientiert im Unterrichtsalltag. Die Kinder erhalten einen Feedbackbogen, der die qualitative Ausführung der besprochenen Kriterien rückmeldet.	

Unterrichtspraktische Umsetzung

Vorwissen der Kinder
Für diese Unterrichtssequenz ist kein besonderes Vorwissen notwendig.

Vorbereitung
Sollte die Person des Jungen *Peter Müller* noch nicht eingeführt sein, so finden Sie diesen auf KV 1 / Mündliche Mitarbeit auf Seite 55.

Hinweis für die Lehrkraft
Der Feedbackbogen (KV 3) beinhaltet zusätzlich die Rubrik Lern-Drei-Sprung, der in diesem Zusammenhang mit den Kindern vorher eingeschult sein sollte (vgl. S. 23).
Zur Bewertung des Lern-Drei-Sprungs siehe Lernmethodikbaustein Lern-Drei-Sprung.

Möglicher Unterrichtsverlauf

1. UZE: Ein sauberer Heft-/Mappeneintrag:

Grobziel

Die Schüler sollen die Kriterien eines Heft-/Mappeneintrags kennen lernen und im weiteren Schuljahresverlauf anwenden.

Benötigtes Material:
- ☐ KV 1 / Mündliche Mitarbeit: Grafik Peter
- ☐ KV 1 / Heft- und Mappenführung: Mein Hefteintrag
- ☐ KV 2a / Heft- und Mappenführung: „Du kannst es besser!“ (Arbeitsblatt)
- ☐ KV 2b / Heft- und Mappenführung: „Du kannst es besser!“ (Lösungsbogen)
- ☐ KV 3 (4) / Heft- und Mappenführung: Feedbackbogen (mit Lern-Drei-Sprung)
- ☐ KV 5a (6a) / Heft- und Mappenführung: (mit Lern-Drei-Sprung), (Arbeitsblatt)
- ☐ KV 5b, 6b / Heft- und Mappenführung: „Darauf achte ich …“ (Lösungsbogen)

Durchführung

Einstieg
Die Schüler betrachten das auf Folie kopierte Bild von Peter (KV 1 / Mündliche Mitarbeit).

Lehrerimpuls:
Peter hat ein Problem. Der Lehrer wollte heute die Hefte (die Schnellhefter) einsammeln. Peter hat etwas gemurmelt, dass er es vergessen hat und hat sein Heft dem Lehrer nicht gegeben. Du kannst dir bestimmt denken, weswegen er das Heft (die Mappe) nicht abgeben wollte.

Der Lehrer legt die Folie mit dem unordentlichen Hefteintrag auf (KV 1 / Heft- und Mappenführung). Die Schüler äußern sich frei dazu.

Erarbeitung
Lehrerimpuls:
Du darfst heute der Lehrer von Peter sein. Nimm einen roten Stift und korrigiere den Hefteintrag von Peter.

Die Schüler erhalten den „Hefteintrag“ (KV 1) und korrigieren diesen in Einzelarbeit.
Die Korrekturen werden anschließend am Overheadprojektor gesammelt.

Abschluss und Sicherung
Die Schüler kleben den korrigierten Hefteintrag auf KV 2a ein und füllen die Lückensätze aus.

Weiterführung

In einer zusätzlichen Unterrichtszeiteinheit kann der Feedbackbogen (KV 3/4) mit den Schülern noch besprochen werden.

Zusatzmaterial

KV 5a/6a kann als Sicherung, wie man einen Schnellhefter führt, eingesetzt werden.

Hinweis für die Lehrkraft
KV 5a unterscheidet sich von KV 6a darin, dass in Letzterem der Bereich des Lern-Drei-Sprungs aufgenommen worden ist (siehe Lernmethodikbaustein Lern-Drei-Sprung, S. 23).

KV 2 kann entsprechend modifiziert auch die Grundlage für einen Hefteintrag sein.

Mögliche Trainingsbausteine

Der Feedbackbogen gibt den Lernenden neben den pädagogisch formulierten Hinweisen eine klar differenzierte Rückmeldung der besprochenen Kriterien.
Die Erfahrung zeigt, dass eine Benotung der Hefte oder Mappen zu einer Qualitätssteigerung der Führung und Gestaltung derselben führt.

Kopiervorlage **KV 1: Mein Hefteintrag**

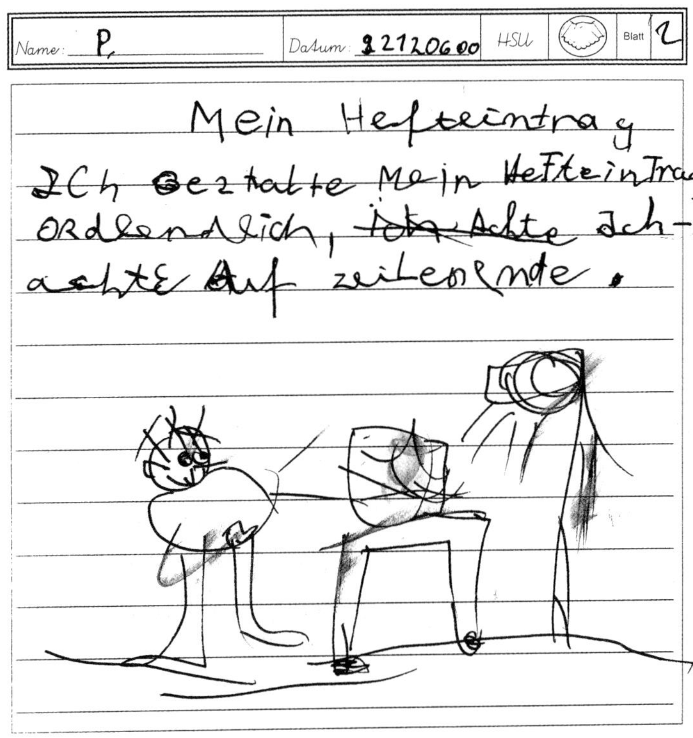

Nimm einen roten Stift und korrigiere den Hefteintrag von Peter. Schneide ihn aus und klebe ihn auf dein Arbeitsblatt (KV 2a).

Name: ______________	Datum: ______________	Der Wald	KV 2a

Hier einkleben!

Du kannst es besser!

Arbeitsauftrag:

Markiere mit Rot die Fehler, die du im Bild oben entdeckst.

① *Ich streiche falsche Wörter mit ______________ und ______________ durch.*

② *Ich schreibe nicht über das ______________ ______________*

③ *Meine Bilder gestalte ich ______________ und ______________*

④ *Ich schreibe meinen ______________ ______________ das ______________ und die ______________ in die Kopfzeile.*

⑤ *Nach der Überschrift lasse ich eine Zeile ______________*

⑥ *Ich schreibe ______________ ______________ von der Tafel ab.*

⑦ *Die Überschrift unterstreiche ich ______________ mit einem ______________*

⑧ *Ich beginne den Text am ______________ der Zeile.*

Lösungsbogen

Name: ______________	Datum: ______________	Der Wald	KV 2b

Du kannst es besser!

Arbeitsauftrag:

Markiere mit Rot die Fehler, die du im Bild oben entdeckst.

① *Ich streiche falsche Wörter mit* Bleistift *und* Lineal *durch.*

② *Ich schreibe nicht über das* Zeilenende.

③ *Meine Bilder gestalte ich* schön *und* farbig.

④ *Ich schreibe meinen* Namen, *das* Datum *und die* Blattnummer *in die Kopfzeile.*

⑤ *Nach der Überschrift lasse ich eine Zeile* frei.

⑥ *Ich schreibe* richtig *von der Tafel ab.*

⑦ *Die Überschrift unterstreiche ich* farbig *mit einem* Lineal.

⑧ *Ich beginne den Text am* Anfang *der Zeile.*

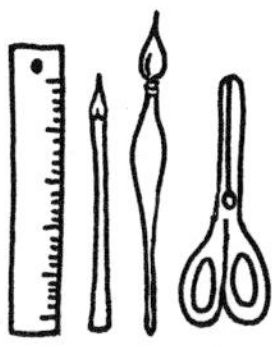

Heftführung

	☺		😐		☹
Vollständigkeit					
Name/Datum/ Blattnummern/ Überschriften unterstrichen					
Rechtschreibung					
Schrift					
Ausmalen					

Unterschrift eines
Erziehungsberechtigten:

____

Heftführung

	☺		😐		☹
Vollständigkeit					
Name/Datum/ Blattnummern/ Überschriften unterstrichen					
Rechtschreibung					
Lern-Drei-Sprung					
Schrift					
Ausmalen					

Unterschrift eines Erziehungsberechtigten:

____

Name: ____________	Datum: ____________		KV 5a	

Darauf achte ich bei der Führung meines Schnellhefters

- Ich hefte die Blätter, ______________________________
____
im Schnellhefter ab.
  - ➪ Nur das Blatt, das wir ______________________
    bearbeiten, ist in der ______________________.
- Ist mein Blatt ______________________ ausgefüllt?
  - ➪ Ist der ______________________ darauf?
  - ➪ Das ______________________?
  - ➪ Die ______________________?
  - ➪ Ist die Überschrift ______________________?
- Sind die ______________________?

Ich hefte meine Arbeitsblätter ______________________
______________ ab. Die ______________ hilft mir dabei.

Sind Sachen ______________________, erledige ich
auch dies ______________, damit mir die Klebeteile
______________________________________.

____

Datum Unterschrift

Name: ______________________	Datum: __________________		KV 6a	

Darauf achte ich bei der Führung meines Schnellhefters

- Ich hefte die Blätter, ____
  ____
  im Schnellhefter ab.
  - ➪ Nur das Blatt, das wir ____
    bearbeiten, ist in der ____.
- Ist mein Blatt ______________________________ ausgefüllt?
  - ➪ Ist der ____ darauf?
  - ➪ Das ____?
  - ➪ Die ____?
  - ➪ Ist die Überschrift ____?
- Sind die ____?
- Habe ich nach dem ____
  das _______________________ auf dem Blatt unterstrichen?

Ich hefte meine Arbeitsblätter __________________________
__________________ ab. Die __________________ hilft mir dabei.

Sind Sachen ______________________________, erledige ich
auch dies ______________________, damit mir die Klebeteile
____.

____

Datum Unterschrift

Name: ________________	Datum: ____________		KV 5b/ 6b	

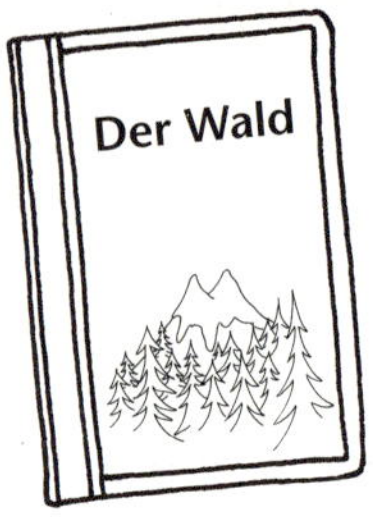

Darauf achte ich bei der Führung meines Schnellhefters

- Ich hefte die Blätter, wenn sie vollständig ausgefüllt sind,
  im Schnellhefter ab.
  ➪ Nur das Blatt, das wir zurzeit bearbeiten, ist in der Sammelmappe.
- Ist mein Blatt vollständig ausgefüllt?
  ➪ Ist der Name darauf?
  ➪ Das Datum?
  ➪ Die Blattnummer?
  ➪ Ist die Überschrift unterstrichen?
- Sind die Bilder ausgemalt?
- [Habe ich nach dem Lern-Drei-Sprung das Wichtigste auf dem Blatt unterstrichen?]

Ich hefte meine Arbeitsblätter in der richtigen Reihenfolge ab. Die Blattnummer hilft mir dabei.

Sind Sachen einzukleben, erledige ich auch dies sofort, damit mir die Klebeteile nicht verloren gehen.

Datum Unterschrift

4. Mündliche Mitarbeit

Allgemeine Hinweise

Die mündliche Mitarbeit ist nicht nur ein unerlässlicher Bestandteil der Notenfindung im Zusammenhang mit schriftlich erbrachten Leistungsnachweisen und praktischen Tätigkeiten, sondern ist auch ein wichtiger Indikator für die Lehrkraft, ob die Lernenden den Lernstoff verstanden haben.

Für die Schüler, die aufgrund konzentrierten Mitdenkens schon alles in der Schule verstanden haben, ergibt sich der Vorteil, dass sie sich zu Hause viel „Lernarbeit" ersparen können. Bei Unklarheiten sind in der Schule vor allem auch Mitlernende und die Lehrkraft vor Ort, um Schwierigkeiten direkt zu beheben oder weiterführende Aspekte einzubringen.

Die für die Grundschüler griffigen Schlagworte **„Aufpassen und Zuhören"** sowie **„Mitdenken und Mitreden"** sind kognitive Strategien und dienen dem besseren Erwerb und Verstehen bei der Informationsaufnahme, -verarbeitung und -speicherung. Die vier Aspekte Aufpassen, Zuhören, Mitdenken und Mitreden sind gegenseitige Voraussetzung bzw. Bedingungen für thematisch passende Beiträge im Unterricht.

Aufpassen und Zuhören gehören zu den elementaren Prozessen der Informationsaufnahme und -verarbeitung. Der Lernende lenkt seine Aufmerksamkeit aktiv auf eine bestimmte Information, dadurch findet eine Selektion statt. Die Information wird aufgenommen und ins Kurzzeitgedächtnis transferiert und anschließend eine Weitergabe ans Langzeitgedächtnis vorbereitet.

Es wird die Voraussetzung für ein Mitdenken und Mitreden geschaffen.

Der Lernende bildet beim Mitdenken und Mitreden aktiv Verbindungen zwischen einzelnen Elementen der Informationen aus dem Kurz- und aus dem Langzeitgedächtnis. Verbindungen zwischen neuen Informationen und bereits bestehendem Wissen werden hergestellt. Es entwickeln sich durch aktives Vernetzen neue Schemata, wie Konstruktionen und Integrationen. „Kreative" innere Beteiligung erhöht zusätzlich die Behaltensleistung.

Unterrichtssequenz

Mündliche Mitarbeit	
1. und 2. UZE:	Das ist bei der mündlichen Mitarbeit wichtig.
Training/Automation: Einübung und Reflexion erfolgen spielerisch und situationsorientiert im Unterrichtsalltag, z. B. mit den Spielen: – Tabu junior – Saga, Mythos – Activity – Was wäre, wenn … – …	

Unterrichtspraktische Umsetzung

Vorwissen der Kinder

Für diese Unterrichtseinheit ist kein besonderes Vorwissen notwendig.

Diese Unterrichtseinheit kann zwar unabhängig erarbeitet werden, eine Einbettung erscheint im Zusammenhang mit der Fünf-Finger-Regel zum besseren Behalten von Lernstoff, zur Vertiefung des Besprochenen oder als Trainingsbaustein sinnvoll.

Möglicher Unterrichtsverlauf

1. und 2. UZE: Das ist bei der mündlichen Mitarbeit wichtig

Grobziel

Die Schüler sollen darüber nachdenken, welche Prozesse und Tätigkeit für die mündliche Mitarbeit im Unterricht der Schule wichtig sind und die im Spiel trainierten Merkmale „Aufpassen und Zuhören" sowie „Mitdenken und Mitreden" der mündlichen Mitarbeit benennen und in ihrer gegenseitigen Bedingtheit analysieren.

Benötigtes Material:

- ☐ ein oder zwei Spiele, z. B. Tabu junior, Saga, Mythos, Activity, …
- ☐ KV 1 / Mündliche Mitarbeit: Grafik Peter (Tafelbild)

- ☐ KV 2 / Mündliche Mitarbeit: Wortkarten (für das Tafelbild vergrößern)
- ☐ KV 3a / Mündliche Mitarbeit (Arbeitsblatt)
- ☐ KV 3b / Mündliche Mitarbeit (Lösungsbogen)
- ☐ KV 4 / Mündliche Mitarbeit: Peter mit Zeugnis (Folie)

Hinweis für die Lehrkraft

KV 1 kann mit den Wortkarten von KV 2 als Wandgestaltung und Erinnerungshilfe im Klassenzimmer weitere Verwendung finden.

Durchführung

Einstieg

Die Lehrkraft steigt mit der oberen Abbildung auf der Folie (KV 4) in das Thema ein.
Lehrerimpuls:
Das ist Peter. Peter hat heute sein Zwischenzeugnis bekommen und ist ganz erstaunt. Er hat in Heimat- und Sachunterricht eine zwei im Zeugnis bekommen. Zu Hause schlägt Peter sein Hausaufgabenheft auf (Lehrkraft deckt die untere Abbildung auf) und wundert sich.

Darauf folgen freie Schüleräußerungen.

Lehrerimpuls:
Jeder Lehrer berücksichtigt bei den Zeugnisnoten nicht nur die schriftlichen Arbeiten wie die Klassenarbeiten und die Heftnoten, sondern auch die mündliche Mitarbeit. Über diese wirst du heute mehr erfahren.

TA 1

Erarbeitung

In einem Partnergespräch tauschen sich die Schüler darüber aus, worauf der Lehrer achtet, wenn er die mündliche Mitarbeit bewertet.

Die Schüleräußerungen werden zunächst gesammelt und dann mit Hilfe der Wortkarten Aufpassen, Zuhören, Mitdenken und Mitreden (KV 2) zusammengefasst.

TA 2

Die Schüler werden in Vierer- bis Sechsergruppen eingeteilt und spielen ein Spiel (vgl. Benötigtes Material S. 51 und Spielvorschläge S. 53 f.). Anschließend reflektiert die Lehrkraft mit den Kindern den Zusammenhang der Spiele mit der mündlichen Mitarbeit.

Lehrerimpuls:
Diese Spiele hatten etwas mit mündlicher Mitarbeit zu tun.

Die Schüler beschreiben den Zusammenhang des Spieles mit den Merkmalen der mündlichen Mitarbeit. Und zwar sollten die Schüler zu folgendem Ergebnis kommen: Wenn ich nicht aufpasse und zuhöre, bekomme ich nichts mit. Ich muss mitdenken, wie die Geschichte weitergeht und es dann sagen, …

Lehrerimpuls:
Nun spielst du im „normalen" Unterricht bei mir in Mathematik kein Tabu oder Saga. Ich behaupte, dieses Spielen hilft dir auch für das Fach Mathematik.

Die Schüler äußern sich dazu und begründen.

Lehrerimpuls:
Welches der vier Merkmale der mündlichen Mitarbeit ist eigentlich das Wichtigste?

Als Ergebnis wird festgehalten, dass **Aufpassen und Zuhören** die Voraussetzung für das Mitdenken und in einem weiteren Schritt für das Mitreden ist.
Mitdenken ist das wichtigste Merkmal. Ohne mitgedacht zu haben ist ein sinnvoller Beitrag meistens nicht möglich. Dabei kann man viel mitbekommen, auch ohne sich aktiv am Gespräch zu beteiligen.
Mitreden ist die eigentliche mündliche Äußerung, die das Gedachte zum Ausdruck bringt.

Die Lehrkraft verschiebt die Wortkarten und ergänzt die Zeichen.

TA 3

Die Schüler erläutern die Bedeutung der Pfeile und Zeichen im Tafelbild.

- ↘↙ Aufpassen und Zuhören sind die Voraussetzung für das Mitdenken
- ! Mitdenken ist das wichtigste Merkmal
- ↓ Mitreden ist die eigentliche mündliche Äußerung und Mitarbeit

Abschluss und Sicherung

Die Schüler füllen das Arbeitsblatt zur Mündlichen Mitarbeit aus und malen ein Bild dazu (KV 3a).

Darauf muss ich als Lehrender bei der Durchführung achten:

In Abhängigkeit der Schüleräußerungen ergänzt und verstärkt die Lehrkraft folgende Aspekte:
– *Etwas Falsches sagen oder fragen*
Die Schüler sollen wissen, dass es keine dummen Fragen oder Antworten gibt. Sie sind meist Hinweis darauf, ob etwas richtig verstanden wurde.

Tafelbild

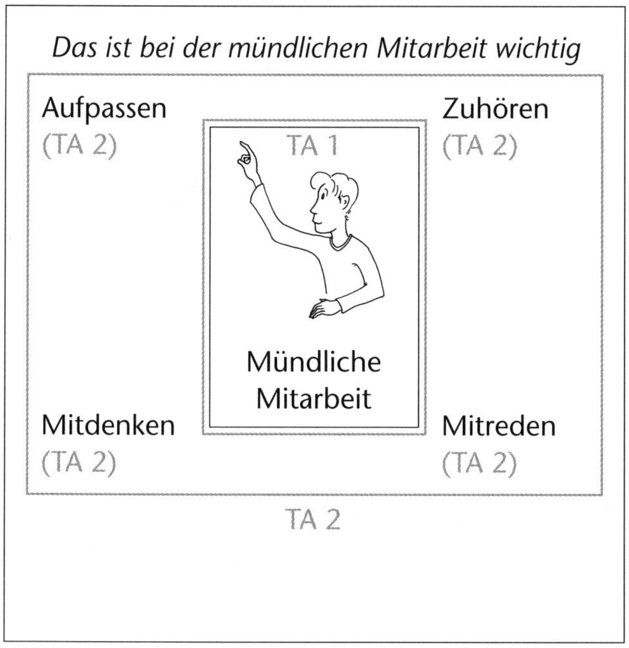

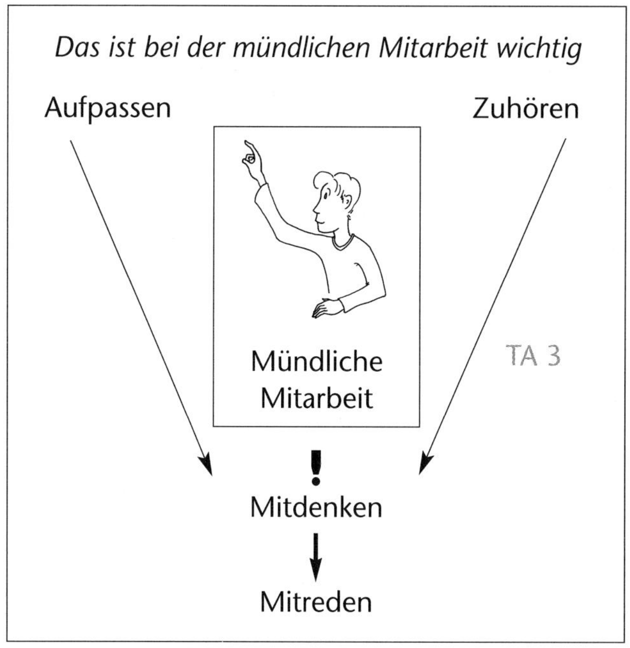

Das Nachfragen bzw. die Bitte nach einer wiederholten Erklärung zeigt vielmehr, dass man als Schüler mitgedacht hat und sich traut, diese Fragen zu stellen bzw. diese Antwort zu geben.

– *Mitdenken reicht?*
Mitdenken ist der wichtigste Aspekt. Allerdings sollten die Schüler auch wissen, dass das Melden ein wichtiger Bestandteil der mündlichen Mitarbeit im Unterricht ist. Deshalb sollten sie darauf aufmerksam gemacht werden, sich selbstständig Ziele zu setzen, wie oft sie sich in einer Stunde melden. Doch es sollte niemand enttäuscht sein, wenn er trotz Meldens vom Lehrer nicht drangenommen wird. Dies kann unterschiedliche Gründe haben, die der Lehrende für sich überdenken sollte und gegebenenfalls an die Schüler weitergeben kann.

– *Doppelter Gewinn durch Mitarbeit*
Zum einen spart sich der Schüler beim Wiederholen und Üben zu Hause Zeit, wenn er den Lernstoff schon im Unterricht verstanden hat. Zum anderen wird er für die Mitarbeit, in Abhängigkeit der Qualität und Quantität, zusätzlich mit guten Noten belohnt.
Um die Aufmerksamkeitsprozesse der Lernenden zu unterstützen, ist die Lehrkraft durch Techniken der Unterrichtsführung und -gestaltung gefordert, ein auf den jeweiligen Unterrichtsgegenstand bezogenes Aufpassen und Zuhören, Mitdenken und Mitreden für die Schüler zu erleichtern. Beispielsweise kann die Aufmerksamkeit durch Folgendes geweckt werden:
- Impulsgebung
- körpersprachliche Elemente wie der Gestik oder Mimik
- Intonation
- Problematisierung.

Spielvorschläge im Einzelnen:

„OHRENÖFFNER“ durch GERÄUSCHE
Die Schüler hören eine Anzahl von Geräuschen und vermuten die Situation oder die Geräuschquelle (z. B. von Geräusche-CDs oder eindeutig zu identifizierende Geräusche in Haushalt, Straßenverkehr, Bauernhof, Zoo etc. selbst aufnehmen).

SAGA
Das assoziativ-kooperative Kartenspiel enthält Märchenmotive, die spontan die Kreativität und Fantasie der Kinder ansprechen. Die Lehrkraft bespricht kurz mit den Schülern die Merkmale märchenhafter Erzählungen (Beginn, Ende, Figuren, ...). Nach dem Prinzip des Kofferpackens wiederholen die Lernenden die vorherigen Sätze, ziehen eine Karte vom verdeckten Stapel und sagen ihrerseits einen Satz zu der Karte. Die aufgedeckten Bilder sind dabei Gedächtnisstützen zur Wiederholung.
Bezugsadresse: SAGA/MYTHOS: Moritz Egetmeyer, OH Verlag, Postfach 1251, 79196 Kirchzarten.

TABU JUNIOR
Die Schüler erklären einen Begriff, der auf einer Spielkarte steht, ohne die unter dem Begriff stehenden Wörter zu verwenden. Dann wird der Kartenstapel weitergegeben.

WAS WÄRE, WENN …
Die Schüler erhalten Karten mit „Was wäre, wenn …"-Fragen mit der Aufgabe, eine Minute lang dazu zu sprechen, z. B. aus dem HSU-Unterricht (Was wäre, wenn es kein Wasser gäbe? Was wäre, wenn alle Speisen unterschiedlich aussehen, aber gleich schmecken würden? …). Danach wird ein Schüler aufgerufen, der die Äußerung möglichst genau umschreibt und zusammenfasst oder aber das Gegenteil der Äußerung beschreibt.

ACTIVITY JUNIOR
Die Schüler erhalten Karten, auf denen die Begriffe mündlich zu beschreiben, zu malen oder pantomimisch darzustellen sind.

Selbstverständlich können Sie, an die Spielideen anlehnend, die Spiele bzw. Spielkarten auch selbst, mit den Kindern und/oder den Eltern vor der Unterrichtszeiteinheit herstellen. Bis auf das Spiel SAGA sind alle Spiele im Spielwarenhandel erhältlich.

Weiterführung und Training

In regelmäßigen Abständen kommen die Spiele unter bestimmten zusätzlichen Trainingsaspekten als Reflexion mündlicher Mitarbeit zum Einsatz.

Mündliche Mitarbeit

Aufpassen

Zuhören

Mitdenken

Mitreden

Name: ____________	Datum: ____________	KV 3a

Name: ______________________ Datum: ____________________  KV 3b

Aufpassen

Zuhören

Mündliche Mitarbeit

Mitdenken

Mitreden

Hausaufgabenheft von Peter

Noten

Heimat- und
Sachunterricht
(HSU)

Klassenarbeiten
3 3 2

Heft
3

5. Arbeitsplatz – die ergonomische Seite des Lernens

Allgemeine Hinweise

Die Arbeitsplatzgestaltung gehört zu den ressourcenbezogenen Strategien, die Lernaktivitäten zu organisieren und als Rahmenbedingung zu unterstützen.
Der Arbeitsplatz ist für die meisten Prozesse, die innere Sammlung und Konzentration bei der Informationsaufnahme und -wiederholung benötigen, entscheidende Grundlage für physisches für psychisches Arbeiten. Einstimmungsprozesse (tune-in) und eine konzentrierte innere Bereitschaft werden erleichtert.
Im Rahmen eines Elternabends ist es sinnvoll, zu Beginn des Schuljahres auf die Arbeitsplatzgestaltung zu Hause hinzuweisen.

Dazu gehören u. a.:
- ein der Körpergröße des Kindes angepasster Tisch und ein entsprechender Stuhl.
- Hausaufgaben und andere Lernaktivitäten sollten, wenn möglich, an einem festen und möglichst ablenkungs- und störungsfreien Platz ausgeführt werden.
- die Position der Lampe sollte entsprechend der Händigkeit platziert sein (für Rechtshänder links, für Linkshänder rechts).
- die empfohlene Lux-Zahl von Schreibtischlampen wird i. d. R. von einer 60-Watt-Glühbirne erfüllt.

Aufgrund unterschiedlicher ökonomischer und anderer Voraussetzungen der Erziehungsberechtigten ist es wichtig, diesen Kriterienkatalog sensibel an die Eltern heranzutragen.
Nicht allen Eltern ist es möglich, einen festen Arbeitsplatz, ein eigenes Zimmer und entsprechende Arbeitsmöbel aufgrund wechselnder Betreuungsorte und -personen (Hort, Mittagsbetreuung, Unterbringung bei den Großeltern, ...) bereitzustellen.

Unterrichtssequenz

<table>
<tr><th colspan="2">Arbeitsplatz</th></tr>
<tr><td>1. UZE:</td><td>Mein Arbeitsplatz ist ein Wohlfühlplatz.</td></tr>
<tr><td>2. und 3. UZE:</td><td>An meinem Arbeitsplatz will ich nicht gestört werden.</td></tr>
<tr><td>4. UZE:</td><td>Mein Arbeitsplatz in der Schule.</td></tr>
<tr><td colspan="2">Training/Automation:
Die Arbeitsplatzgestaltung zu Hause liegt in der Verantwortung der Lernenden. Die erarbeiteten Merkmale gelten aber ebenso für die Gestaltung des Arbeitsplatzes in der Schule.</td></tr>
</table>

Unterrichtspraktische Umsetzung

Die Kurzsequenz zum Arbeitsplatz versucht, äußere Einflüsse auf die Arbeitsleistungen zu reflektieren und, wenn möglich, zu optimieren.

Die Schwerpunkte der Reflexion sind
- das Schaffen einer ablenkungsfreien, Konzentration ermöglichenden Umgebung (u. a. mit Gestaltung eines „Bitte nicht stören"-Schildes für die Zimmertür)
- das Aufräumen vor dem Lernen
- ein Erinnerungszettel nach der „Stopp-Methode", wenn Gedanken abzuschweifen drohen. Das gerade „in den Kopf Gekommene" wird dabei sofort notiert und man kann sich wieder entspannt und mit ganzer Aufmerksamkeit dem Lernen zuwenden, weil man keine Sorge mehr haben muss, dass man etwas Wichtiges vergisst. Der Zettel wird einen wieder erinnern.
- das Bereitstellen der benötigten Arbeitsmittel (u. U. zusätzliche Nachschlagewerke)
- das Achten auf gute Beleuchtung und
- das Schaffen einer gemütlichen Atmosphäre (Mein Arbeitsplatz ist ein Wohlfühlplatz), da u. a. im Zusammenhang mit klassischer Konditionierung die Umgebung mitgelernt wird.

Hinweis für die Lehrkraft

Die Kopiervorlagen KV 6 bis 9 können größer kopiert als Wandgestaltung im Klassenzimmer ihre Anwendung finden.

Benötigtes Material:

- ☐ KV 6 / Arbeitsplatz: aufgeräumter Schreibtisch (Wandgestaltung)
- ☐ KV 7–8 / Arbeitsplatz: Memo (Wandgestaltung)
- ☐ KV 9 / Arbeitsplatz: Wohlfühlplatz (Wandgestaltung)

Vorwissen der Kinder

Für diese Unterrichtssequenz ist kein besonderes Vorwissen notwendig.

Vorbereitung

Um den Schülern ein handlungsorientiertes „Aufräumen" zu ermöglichen, bereitet die Lehrkraft einen fiktiven Arbeitsplatz vor und deckt ihn mit einer Decke zu. Auf dem zugedeckten Tisch befinden sich ungeordnet für das Lernen sinnvolle und unsinnige Gegenstände.
Es empfiehlt sich, neben eindeutig dem Lernen nicht förderlichen Dingen, wie z. B. Spielkarten, Autos, Turnschuhen, Tennisschlägern, Fernbedienung, Kopfhörern oder Gameboy-Spiel, ein paar ausgewählte Gegenstände mitzubringen, die eine Diskussion erlauben, z. B. Pflanze, Bild.

Alternativen:

Die Kinder können zunächst ihren eigenen Arbeitsplatz malen. Dieser dient dann als Gesprächs- und Diskussionsgrundlage.
Oder sie verwenden KV 2 (Folie) als Einstiegsimpuls am Overheadprojektor.

Benötigtes Material:

Für den fingierten Arbeitsplatz:

- ☐ Tisch und (entsprechend der Größe der Kinder ein zu kleiner/großer) Stuhl
- ☐ eindeutig dem Lernen nicht förderliche Dinge (s. o.)
- ☐ Wörterbuch, Lexikon
- ☐ Schreibblock, Hefte, aufgeschlagene Schulbücher, z. B. mit den Hausaufgaben der vorherigen Stunde
- ☐ Radio
- ☐ Federmäppchen
- ☐ Schreibtischlampe
- ☐ Topfpflanze (als Diskussionsgrundlage: „Mein Arbeitsplatz ist ein Wohlfühlplatz")
- ☐ Wasserflasche und Wasserglas (sollen nach dem Sortieren entsprechend der Händigkeit auf der Lampenseite stehen, jedoch nicht im Lichtkegel)

Des Weiteren:

- ☐ KV 1a / Arbeitsplatz: „An meinem Arbeitsplatz"
- ☐ KV 1b / Arbeitsplatz: „An meinem Arbeitsplatz" (Lösungsbogen)
- ☐ KV 2 / Arbeitsplatz: unaufgeräumter Schreibtisch (ggf. als alternativer Einstieg)

Möglicher Unterrichtsverlauf

1. UZE: Mein Arbeitsplatz ist ein Wohlfühlplatz

Grobziel

Die Schüler sollen für sich entscheiden, wie sie einen/ihren Arbeitsplatz möglichst ablenkungsfrei als Wohlfühlplatz gestalten, und die richtige Position einer Lichtquelle am Arbeitsplatz entsprechend ihrer Händigkeit kennen.

Durchführung

Einstieg

Ein Schüler deckt nach einigen Schülervermutungen, was sich wohl unter der „Tuchlandschaft" verbergen könnte, die verdeckte Tischplatte auf.
Die Schüler erschließen anhand des Hausaufgabenheftes, eines offenen Schulheftes und des Schulbuches, dass es sich um einen Schreibtisch bzw. Arbeitsplatz handelt, an dem ein Kind Hausaufgaben macht.

Erarbeitung

Die Gegenstände werden zunächst benannt. Anschließend wird die Berechtigung der Gegenstände auf dem Schreibtisch in Partnerarbeit erörtert.
Während der abschließenden Besprechung im Plenum werden die erörterten Gegenstände entfernt, ergänzt oder verschoben.

Lampenexperiment

Eine starke Lichtquelle (z. B. der Tageslichtprojektor) wird um einen Schülertisch gefahren.
Die Lichtquelle veranschaulicht deutlich die passende Position der Beleuchtung.

Je nach Lampenposition fällt der Schatten der Schreibhand auf die Heftseite.
Die Lampe erhält ihren Platz auf der der Händigkeit entgegengesetzten Seite.

Abschluss und Sicherung
Die Lernenden notieren auf KV 1a die als Merkregeln erarbeiteten Leitlinien zum Arbeitsplatz:
- Vor dem Lernen räume ich meinen Arbeitsplatz auf.
- Auf dem Tisch liegen nur die Dinge, die ich zum Lernen brauche.
- Ich achte auf die richtige Beleuchtung (die Lampe steht bei Rechtshändern links).
- An meinem Arbeitsplatz fühle ich mich wohl.

Darauf muss ich als Lehrender bei der Durchführung achten:
- Der Tisch mit den Gegenständen erregt i. d. R. hohe Aufmerksamkeit und spontanes Aussprachebedürfnis. Die Lernenden verweisen auf das hohe Ablenkungspotential und benennen damit selbstständig eine Strategie zum Arbeitsplatz.
  Strittig ist der Verbleib der Pflanze (Ablenkung) und des Wasserglases auf dem Tisch. Das Wasser kann vom Tisch oder auf eine Seite der Lampe gestellt werden. Weder Pflanze noch Lampe dürfen jedoch im Lichtkegel stehen.
- Interessant ist die Diskussion zum Wohlfühlplatz. Es bildet sich meist eine Gruppe der Pflanzenliebhaber (grün, frische Luft), der spartanischen Ausstatter (sonst bin ich so abgelenkt) und eine Gruppe der Kinder ohne festen Arbeitsplatz (Mittagsbetreuung, Dienstag bei der Oma, Donnerstag bei der ausgezogenen älteren Schwester, ...). Nicht immer fällt es den Kindern leicht, den anderen zuzugestehen, dass die jeweilige Möglichkeit für den andern richtig sein kann, auch wenn es für einen selbst nicht empfehlenswert ist.

Weiterführung und Training

Auf den Impuls „Mein Arbeitsplatz ist ein Wohlfühlplatz" diskutieren die Lernenden mögliche Gestaltungsvarianten ihres Lernplatzes und gestalten die noch freie Arbeitsfläche des Arbeitsplatzes auf dem Arbeitsblatt (KV 1a).

Möglicher Unterrichtsverlauf

2. und 3. UZE: An meinem Arbeitsplatz will ich nicht gestört werden.

Grobziel

Die Schüler sollen mögliche Störungen sammeln, die während des Lernens oder der Erledigung schulischer Arbeiten auftreten können. Diese sollen sie auf Beeinflussbarkeit hin überprüfen und zwei weitere Interventionsvorschläge kennen lernen („Bitte nicht stören"-Schild, Erinnerungszettel).

Benötigtes Material:
- ☐ KV 1a / Arbeitsplatz: „An meinem Arbeitsplatz"
- ☐ KV 1b / Arbeitsplatz: „An meinem Arbeitsplatz" (Lösungsbogen)
- ☐ KV 2 / Arbeitsplatz: unaufgeräumter Schreibtisch (Folie; ggf. als alternativer Einstieg)
- ☐ KV 3 / Arbeitsplatz: Störungsmöglichkeiten
- ☐ KV 4 / Arbeitsplatz: „Bitte nicht stören"
- ☐ KV 5 / Arbeitsplatz: Erinnerungszettel

Durchführung

Anknüpfung
Die Anknüpfung an die 1. UZE erfolgt anhand der Folie KV 2.

Hinweis für die Lehrkraft
Das Folienbild kann am Overheadprojektor gedreht werden. Es zeigt dann anschaulich die richtige Beleuchtung für Rechts- und Linkshänder.

Die Schüler wiederholen und benennen die erarbeiteten Merkmale eines Arbeitsplatzes.

Lehrerimpuls:
Nicht immer kannst du so ruhig arbeiten, wie auf diesem Bild hier.
Die Lehrkraft notiert die Zielangabe: Störungen am Arbeitsplatz.

TA 1

Erarbeitung und Sicherung 1
In Partnerarbeit notieren die Schüler alle Störungsmöglichkeiten, die ihnen einfallen, auf den Papierstreifen (KV 3) und hängen diese im Anschluss an die Tafel.
Die Störungen werden verbalisiert und mit eigenen Erlebnissen und Erfahrungen gefüllt.

Erarbeitung und Vertiefung 2
Lehrerimpuls:
Angesichts der vielen Störungen wundert es mich, dass es dir überhaupt gelingt, deine Hausaufgaben zu erledigen oder zu Hause zu lernen.

Die Karten „Störungsmöglichkeiten" sollen nach folgenden Kriterien an der Tafel sortiert werden:
- „nicht vermeidbaren" Störungen (Baustelle, Wohnen an der Hauptverkehrsstraße)
- „schwer vermeidbaren" Störungen (Hitze im Dachgeschoss, kleiner Bruder/Schwester, wechselnder Arbeitsplatz, kein fester Arbeitsplatz, ...)
- „vermeidbaren" Störungen (Telefon, Eltern, Radio, sich ablenken lassen, ...)

TA 2 bis 4

In arbeitsteiliger Partnerarbeit werden die Möglichkeiten der Behebung zunächst diskutiert, die Vorschläge werden dann ggf. in Stichworten notiert und zum Schluss im Klassengespräch noch einmal verbalisiert.

Sicherung
Die Lernenden ergänzen auf ihrem Arbeitsblatt (KV 1a) *„Bitte nicht stören!"* sowie „Dinge, die ich nicht vergessen will, schreibe ich auf meinen *Erinnerungszettel*".
Nach Besprechen der Funktion eines „Bitte nicht stören"-Schildes soll dieses individuell ausgestaltet werden.

Abschluss

Als Stundenabschluss erhalten die Schüler einen Erinnerungszettel (KV 5). Das Schild wird als Hausaufgabe weiter ausgestaltet, am nächsten Tag präsentiert und dann für den eigenen Gebrauch mit nach Hause gegeben.

Darauf muss ich als Lehrender bei der Durchführung achten:
- Die Störungskarten in ausreichender Anzahl kopieren. Je nach Kreativität, Ideenreichtum und Erlebnisschatz der Kinder ist eine große Menge an Karten erforderlich.
- Das Zusammentragen der Vorschläge zur Behebung der Störungen kann emotional geprägt sein (Klagen über [meist störende] Geschwister, Eltern, ...).
- Es gibt unterschiedliche Ansichten zum Musikhören während des Lernens und Arbeitens. Arbeiten, die keine große Konzentration erfordern, sind gut mit Musik zu erledigen, ja sie steigern ggf. die Motivation. Bei hochkonzentrierten Tätigkeiten wirkt sich Musikhören jedoch eher störend aus.
- Manche Störungen sind nicht behebbar (Baustelle vor der Tür, es ist kein (eigenes) Zimmer ohne Störungen zum Lernen vorhanden, ...).
- Nicht immer erweist sich das „Bitte nicht stören"-Schild als grundsätzlich wirkungsvoll (Schwester kommt trotzdem zur Tür herein, Hund kann nicht lesen, ...). Als Handlungsstrategie kann dann das persönliche Gespräch mit einem kurzen Wunsch gegenüber den Geschwistern oder Eltern im Klassenverband trainiert werden.

Weiterführung und Training

Im Folgenden verweist der Unterrichtende auf den „Erinnerungszettel" als Notizzettel und weitere Konzentrationshilfen und sammelt Schüleräußerungen und -erlebnisse zu diesem Phänomen.

Möglicher Unterrichtsverlauf

4. UZE: Mein Arbeitsplatz in der Schule

Grobziel

Die Schüler sollen Vorschläge zur Gestaltung ihres schulischen Arbeitsplatzes entwickeln und im Rahmen des Möglichen umsetzen.

Einstieg
Der Lehrende notiert an der Tafel: „Mein Arbeitsplatz in der Schule ist ein Wohlfühlplatz!"

TA 1
Die Schüler erkennen, dass sie auch in der Schule einen Arbeitsplatz haben.

Erarbeitung
- Benennen von (individuellen) Merkmalen eines Wohlfühlplatzes in der Schule.
- Sammeln von Erfahrungen und Situationen, in denen die Schüler in der Schule schon gestört worden sind (Schwätzen der Mitschüler, Unterhaltungsversuche des Sitznachbarn, Anstoßen von Tischen beim unachtsamen Vorbeigehen, „Glücksbringerkuscheltiere", ...).

Sicherung
Die Schüler formulieren verschiedene Vorschläge zu einem Wohlfühlplatz in der Schule.

TA 2

Vertiefung
- Ordnung sollte nicht nur auf, sondern auch unter dem Tisch sowie in der Schultasche gehalten werden. Lose Blätter können in einer Sammelmappe so lange knitterfrei verstaut werden, bis sie in der entsprechenden Mappe ihren Platz finden.
- Es kann angedacht werden, dass ein „Bitte-nicht-stören"-Schild an der Außenseite der Klassenzimmertür befestigt wird, wenn die Klasse nicht gestört werden möchte, z. B. während Klassenarbeiten.

Darauf muss ich als Lehrender bei der Durchführung achten:
In der Besprechung der Störungen am schulischen Arbeitsplatz erweist sich manchmal auch der Lehrende als Störfaktor. Dies sollte nicht persönlich genommen werden, sondern als Anlass das eigene Lehrverhalten ggf. kritisch zu beobachten.

Mögliche Trainingsbausteine
- Der häusliche Arbeitsbereich entzieht sich der begleitenden Beobachtung und Kontrolle durch die Lehrkraft.
- Konkrete Beispiele und Beobachtungsmöglichkeiten bietet jedoch der schulische Arbeitsplatz.
- So genannte Selbstverständlichkeiten, wie das Federmäppchen in der Ecke, ein aufgeräumter Schultisch (auch unter der Bank!) rücken verstärkt ins Bewusstsein der Lernenden. Die Schüler machen sich ggf. gegenseitig auf „Missstände" aufmerksam, wobei die Lehrkraft ggf. höfliche Formulierungshilfen an die Hand geben muss. Die Lernenden wenden damit die angebotenen Strategien im schulischen Bereich an.

  Nicht zu vergessen ist das (hoffentlich) aufgeräumte Lehrerpult als Vorbild und Anschauungsbeispiel.

Tafelbild: 2. und 3. UZE: An meinem Arbeitsplatz will ich nicht gestört werden

	Störungen am Arbeitsplatz TA 1	
TA 2	TA 3	TA 4
Nicht vermeidbare Störungen	Vermeidbare Störungen	Schwer vermeidbare Störungen
–	–	–
–	–	–
–	–	–

Tafelbild: 4. UZE: Mein Arbeitsplatz in der Schule

	Mein Arbeitsplatz in der Schule ist ein Wohlfühlplatz! TA 1	
	TA 2	
	Schüleräußerungen	
	–	
	–	
	–	
	–	

Name: ______________________ Datum: ______________________ KV 1a

An meinem Arbeitsplatz

Vor dem Lernen

____

Auf dem Tisch liegen nur die Dinge,

____

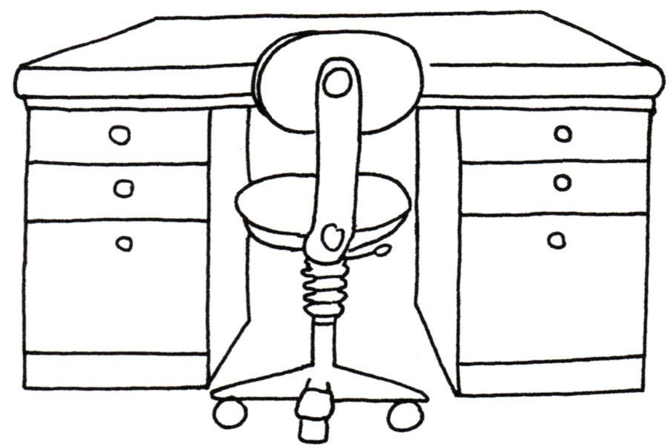

Ich achte auf

____

fühle ich mich

____

Dinge, die ich nicht vergessen will, schreibe ich auf meinen

____

Name: ____________ Datum: ____________ KV 1b

An meinem Arbeitsplatz

Vor dem Lernen räume ich meinen Arbeitsplatz auf.

Bitte nicht stören!

Auf dem Tisch liegen nur die Dinge, die ich zum Lernen brauche.

Ich achte auf die richtige Beleuchtung (die Lampe steht bei Rechtshändern links).

fühle ich mich *wohl.*

Dinge, die ich nicht vergessen will, schreibe ich auf meinen Erinnerungszettel.

STOP

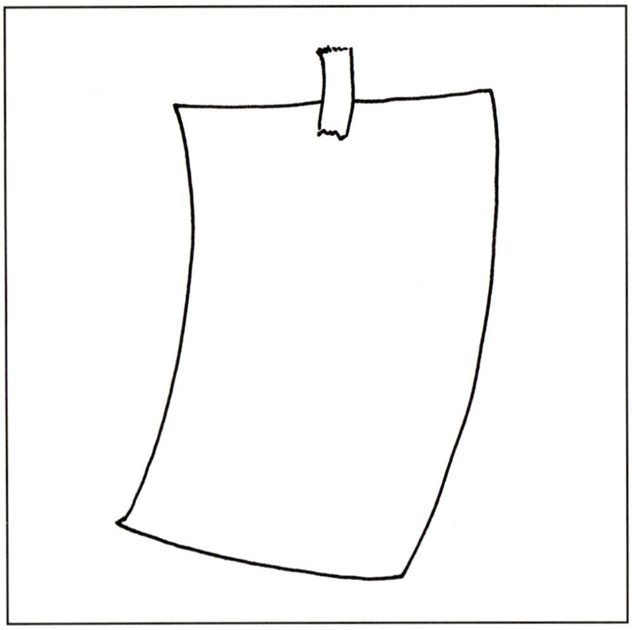

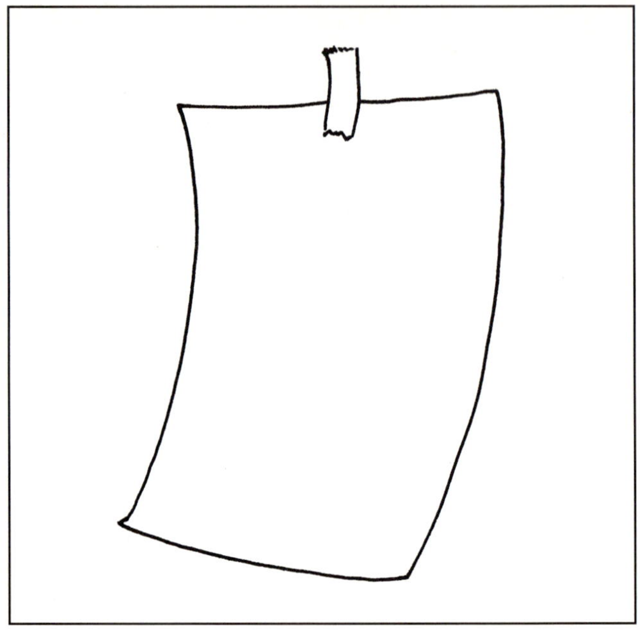

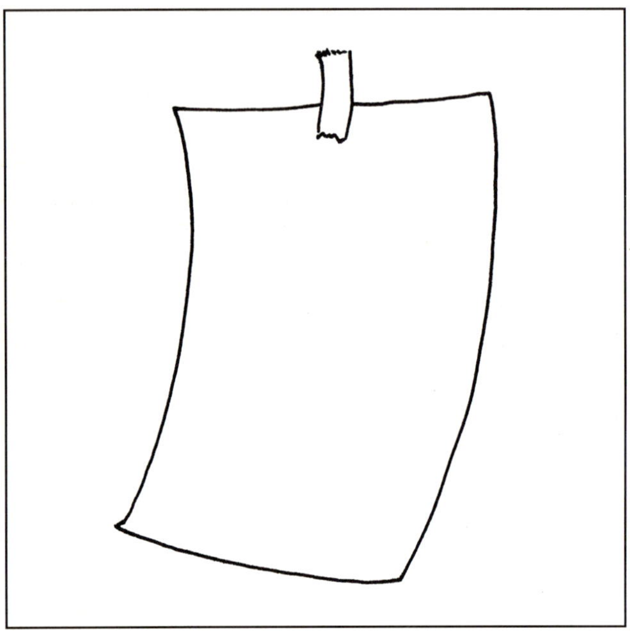

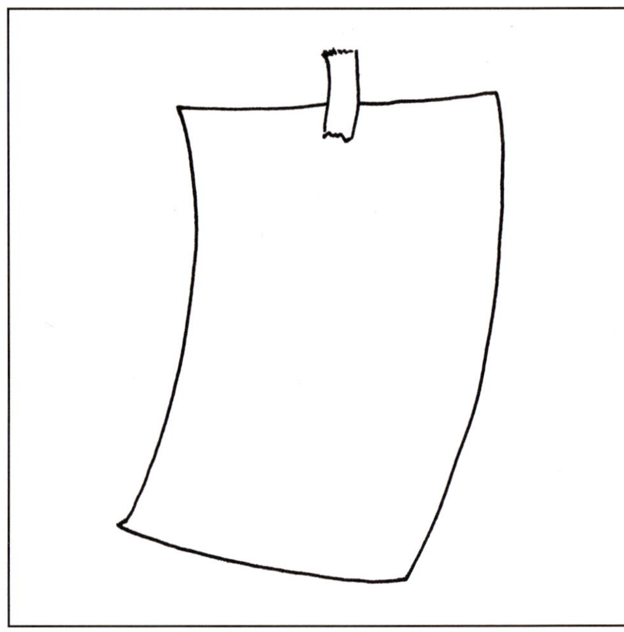

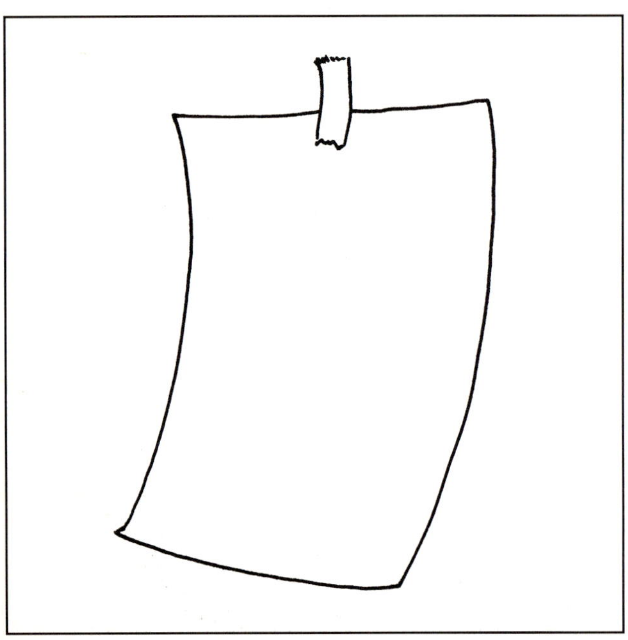

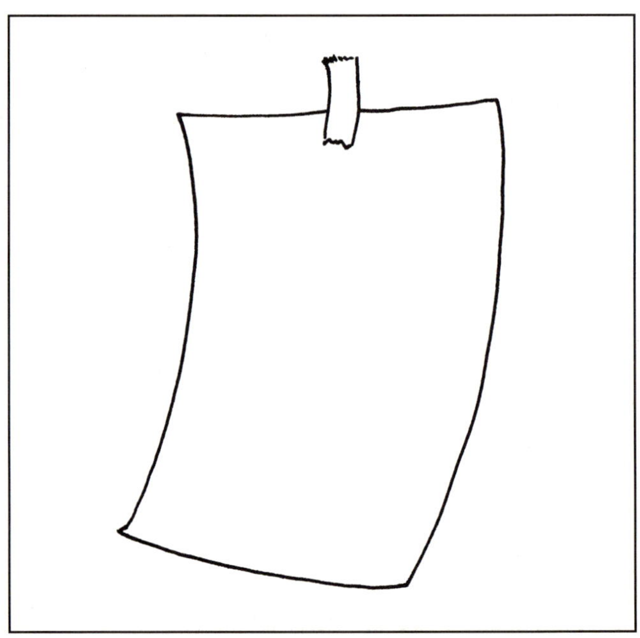

Gute und richtige Beleuchtung

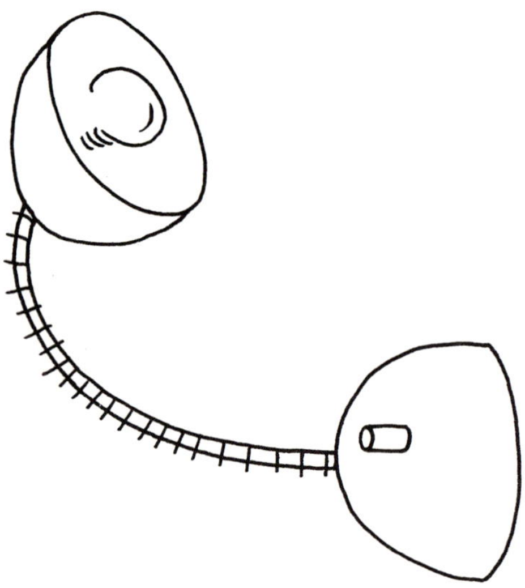

Erinnerungszettel

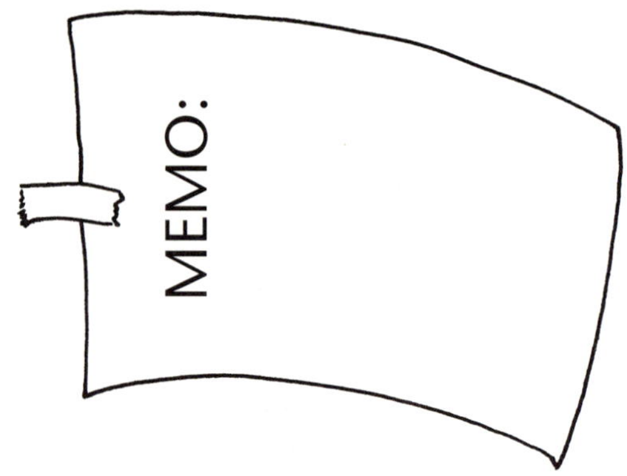

Aufräumen

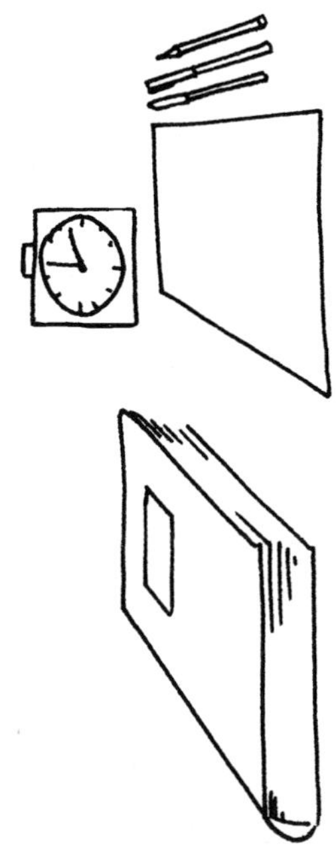

Nötige Arbeitsmittel

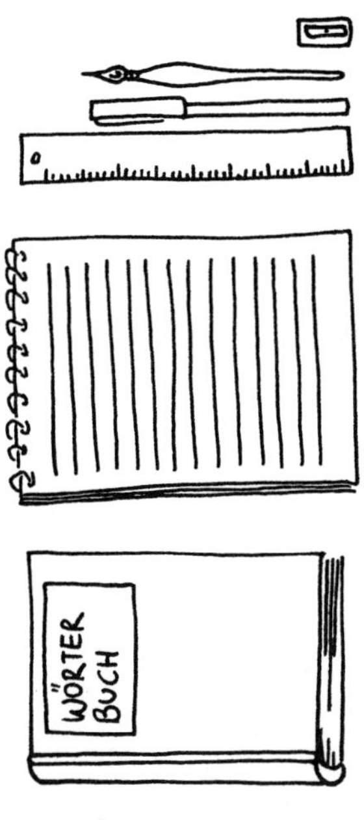

Mein Arbeitsplatz ist ein **Wohlfühlplatz**. ☺

Bitte nicht stören!

6. Hausaufgaben

Allgemeine Hinweise

Hausaufgaben sind ein fester Bestandteil des Schulalltags, sind jedoch auch nicht selten Anlass für Ärger, Unmut und Auseinandersetzung mit den Eltern und zum Teil auch mit den Schülern. Der (Un-)Sinn von Hausaufgaben wird immer wieder diskutiert. In der Regel dienen sie hauptsächlich der Übung, Vertiefung und Übertragung des Gelernten und sind eine notwendige Ergänzung zum Unterricht in der Schule. Des Weiteren sollen sie zu eigener Tätigkeit anregen und den Schüler an eine gewisse Pflichterfüllung gewöhnen. Sie unterstützen damit die allgemeine Unterrichts- und Erziehungsarbeit. In eingeschränktem Maß können Hausaufgaben auch Erfolgsrückmeldung für den Lehrer sein.
Der Lehrer ist daran gebunden, regelmäßig Hausaufgaben aufzugeben und deren Erledigung zu kontrollieren, jedoch ohne sie als Disziplinierungsmittel einzusetzen.
Den meisten Schülern gelingt es, die gestellten Hausaufgaben in einer bestimmten, angemessenen Zeit (für die Grundschule ca. eine Stunde) zu erledigen. Manche Schüler sind jedoch – aus den unterschiedlichsten Gründen – dazu nicht in der Lage.
Es gibt jedoch verschiedene Methoden, die helfen können, das Erledigen der Hausaufgaben zu erleichtern.

Schülern sollten verschiedene Möglichkeiten vorgestellt werden, wie z. B.:
- Ein fester Arbeitsplatz erleichtert ein konsequentes Arbeiten.
- Hausaufgaben in Portionen von ca. 15–30 Minuten einteilen, dann eine Pause machen.
- Die Reihenfolge der Hausaufgaben festlegen, dabei mit leichten Aufgaben beginnen.
- …

Wichtig dabei ist, dass den Kindern neben einer optimalen Planung für die Durchführung der Hausaufgaben entsprechende fach- und sachspezifische Arbeitsweisen und Lernstrategien bekannt sind.
Es bietet sich an, im Rahmen eines Elternabends, den Sinn und die Bedeutung von Hausaufgaben, die Tipps zur Erledigung von Hausaufgaben, die Bedeutung häuslicher Betreuung und Einstellung zu Hausaufgaben sowie die Notwendigkeit des Führens eines übersichtlichen Hausaufgabenheftes zu erörtern.

Unterrichtssequenz

Hausaufgaben	
1. und 2. UZE:	Hausaufgabentipps
3. UZE:	So führe ich mein Hausaufgabenheft
Training/Automation: Die Erledigung der Hausaufgaben liegt in der Verantwortung des Schülers. Die Lehrkraft erinnert in Reflexionsphasen immer wieder an die erarbeiteten Tipps und bespricht deren individuelle Effektivität.	

Unterrichtspraktische Umsetzung

Vorwissen
Für diese Unterrichtssequenz ist kein besonderes Vorwissen nötig.
Für die Erarbeitungsphase ist es von Vorteil, wenn den Kindern der Lern-Drei-Sprung (vgl. S. 23) bekannt ist.

Vorbereitung
Benötigtes Material:
- ☐ KV 1 / Hausaufgaben: Buchstabenkarten (ausschneiden und evt. laminieren)
- ☐ KV 2 / Hausaufgaben: Gruppenarbeit (Folie)

Möglicher Unterrichtsverlauf

1. und 2. UZE: Hausaufgabentipps

Grobziel

Die Schüler sollen verschiedene Hausaufgabentipps kennen lernen und sich für einen entscheiden, den sie ausprobieren möchten.

Erarbeitungsvorschlag 1

Benötigtes Material:

- ☐ KV 2 / Hausaufgaben: Gruppenarbeit (pro Gruppe einmal kopieren)
- ☐ KV 3–5 / Hausaufgaben: Hausaufgabentipps (differenzierte Texte)
- ☐ KV 6 / Hausaufgaben: Übersicht der Hausaufgabentipps
- ☐ KV 7 / Hausaufgaben: Blankovorlage für den Hausaufgabentipp

Erarbeitungsvorschlag 2

Benötigtes Material:

- ☐ KV 6 / Hausaufgaben: Übersicht der Hausaufgabentipps

Erarbeitungsvorschlag 3

Benötigtes Material:

- ☐ KV 6 / Hausaufgaben: Übersicht der Hausaufgabentipps

Das Arbeitsblatt vergrößern und die einzelnen Tipps so zerschneiden, dass Karten mit je einem Lerntipp entstehen.

Hinweis für die Lehrkraft

Es werden für den Erarbeitungsvorschlag 1 drei vom Leistungsniveau her differenzierte Arbeitsblätter angeboten (vgl. KV 3–5), die die unterschiedlichen Fähigkeiten der Kinder berücksichtigen.

Durchführung

Einstieg

Die Lehrkraft sammelt die Kinder im Sitzkreis und legt die Buchstabenkärtchen (KV 1) in die Mitte. Die Schüler bilden aus den Buchstaben mögliche Wörter und finden schließlich das Wort „Hausaufgaben".

Nach einer Phase mit freien Schüleräußerungen über Erfahrungen und Gefühle mit und bei den Hausaufgaben nennt die Lehrkraft das Stundenziel.

Lehrerimpuls:

Hausaufgaben sind nicht überflüssig und haben einen Sinn. Allerdings braucht man zur sorgfältigen Erledigung Zeit.

In dieser Stunde wirst du Hausaufgabentipps kennen lernen, mit deren Hilfe du die Hausaufgaben vielleicht schneller und effektiver erledigen kannst.

Hinweis für die Lehrkraft

Es ist möglich, dass bereits an dieser Stelle einige Kinder, erste eigene Tipps, wie sie Hausaufgaben erledigen, einbringen. Diese können von der Lehrkraft abgefragt und ohne Wertung stehen gelassen werden.

Erarbeitungsvorschlag 1

Im Folgenden arbeiten die Kinder in der Gruppe zusammen. Sie erhalten dazu pro Gruppe ein Blatt mit den Arbeitsaufträgen (KV 2) und ein Blatt mit Hausaufgabentipps (KV 3–5).

Nachdem die genauen Arbeitsaufträge anhand einer Folie (KV 2) besprochen worden sind, erfolgt die qualitativ und quantitativ angelegte Gruppenarbeit, in dem die Gruppen ihren Tipp auswählen (KV 3–5), in Stichworten auf der Karte/den Karten notieren (KV 7) und ein Bild dazu malen (vgl. Lern-Drei-Sprung: 3. Sprung, S. 27).

Sicherung

Zur Zusammenschau der Ergebnisse kommen pro Gruppe zwei Schüler nach vorne und stellen der Klasse ihre Ergebnisse vor.

Erarbeitungsvorschlag 2

Jedes Kind erhält ein Arbeitsblatt mit Hausaufgabentipps (KV 6), liest dieses für sich genau durch.

Anschließend markiert es den Tipp, den es für sich am besten findet. Im Rahmen dieser Entscheidung soll es sich zwei Gründe überlegen, weshalb es gerade diesen Tipp gewählt hat. Des Weiteren soll der Lernende sich aber auch einen Grund denken, warum es schwer sein könnte, diesen Tipp umzusetzen.

Zur Verdeutlichung nennt die Lehrkraft ein Beispiel.

Lehrerimpuls:

Manche Aufgaben lassen sich besser erledigen, wenn man sie zusammen bearbeitet.

Ich habe ihn genommen, weil oft viel mehr Ideen entstehen, wenn man sich miteinander unterhält. Des Weiteren kann der eine dem anderen helfen, wenn dieser nicht weiter weiß.

Schwierig wird es manchmal, weil sich nicht alle zur gleichen Zeit treffen können, und wir manchmal mehr Quatsch machen, als gründlich zu arbeiten.

Sicherung

Die Lehrkraft erklärt der Klasse, dass die Hausaufgabentipps nun auf einem **„Hausaufgabenbasar"** gehandelt werden sollen.

Lehrerimpuls:

Auf einem Basar werden Dinge gekauft und verkauft. Du sollst nun deinen Mitschülern deinen Hausaufgabentipp anpreisen. Da wir jedoch ehrliche

Händler sind, sollst du die Vorteile, aber auch die möglichen Nachteile oder Schwierigkeiten deines Tipps erzählen. Dazu gehst du nun im Klassenzimmer umher und versuchst einem Mitschüler oder einer Mitschülerin deinen Hausaufgabentipp zu verkaufen, d. h. du erzählst ihm bzw. ihr, warum er für dich wichtig ist und wo du vielleicht Probleme bei der Umsetzung sehen könntest.
Gleichzeitig geht es für dich darum, nicht nur deinen Tipp zu verkaufen, sondern auch die Tipps der anderen zu hören, da diese ja auch interessant sein können.

Erarbeitungsvorschlag 3
Jede Partnergruppe erhält ein Kärtchen mit einem Hausaufgabentipp (KV 6 vergrößert und zerschnitten) und soll sich zwei Gründe überlegen, was für diesen Tipp spricht.
Des Weiteren sollen die Lernenden sich einen Grund denken, warum es auch schwer sein könnte, diesen Tipp umzusetzen.

Sicherung
„Hausaufgabenbasar": vgl. Vorschlag 2

Reflexion der Vorschläge 1, 2 oder 3:
Die Lehrkraft fragt die Klasse, welcher Tipp besonders überzeugt hat und weswegen.

Darauf muss ich als Lehrender bei der Durchführung achten:
- Es gibt immer wieder Kinder, die Probleme haben, sich für einen Hausaufgabentipp zu entscheiden. Die Lehrkraft sollte auf diese Schüler zugehen, sie ermutigen und ihnen noch einmal verdeutlichen, dass es hierbei keine richtige oder falsche Entscheidung gebe. Für das Ausprobieren sei es aber ganz wichtig, zunächst nur einen Tipp auszuprobieren.
- Bei der Durchführung des „Hausaufgabenbasars" ist es möglich, dass zurückhaltende Kinder Probleme haben. Hier sollte die Lehrkraft helfend zur Seite stehen.

Weiterführung und Training

Die Kinder werden aufgefordert in den nächsten Wochen ihren auf der Kopiervorlage gestalteten Hausaufgabentipp auszuprobieren.
Diese Erfahrungen sind die Basis für eine spätere Aussprache und Reflexion.

Möglicher Unterrichtsverlauf

3. UZE: So führe ich mein Hausaufgabenheft

Vorbereitung

Benötigtes Material:
☐ KV 8/ Hausaufgaben: unordentliches Hausaufgabenheft (Folie)

Grobziel

Die Schüler sollen anhand des Vergleichs einer Seite eines Hausaufgabenheftes die Kriterien für das Führen eines sauberen Hausaufgabenheftes herausarbeiten und dessen Vorteile erkennen.

Durchführung

Anknüpfung
Nach einer thematischen Anknüpfung an die Stunde zu den Hausaufgabentipps präsentiert die Lehrkraft auf einer Folie eine Seite eines Hausaufgabenheftes (KV 7).
Im Klassengespräch wird zunächst geklärt, warum Peter vermutlich Schwierigkeiten hatte, seine Hausaufgaben zu erstellen. Gründe dafür könnten unvollständige Angaben der Hausaufgaben, ein Durcheinander im Heft etc. sein.
Anschließend werden in Partner- oder Gruppenarbeit die Kriterien eines sauber geführten Hausaufgabenheftes herausgearbeitet und als Hefteintrag gesichert.

So führe ich mein Hausaufgabenheft:
- ○ Ich notiere zuerst das Datum, an dem die Hausaufgabe aufgegeben wurde.
- ○ Ich schreibe mir die genaue Aufgabenstellung auf (Was soll wie gemacht werden?).
- ○ Ich denke dabei an das Fach, den Ort der Aufgaben im Buch (Seitenangabe/Nr.) und in welches Heft die Hausaufgaben gemacht werden sollen, z. B.

M (Mathebuch): S. 24 / Nr. 3 M (Matheheft)
D (Deutsch): AH (Arbeitsheft) S. 23

- Jede Hausaufgabe, die ich erledigt habe, hake ich im Hausaufgabenheft ab.

Reflexion

Nach der Erarbeitungsphase bietet es sich an, im Klassengespräch die Vorteile eines sauber geführten Hausaufgabenheftes zu reflektieren (Übersichtlichkeit, schnelles Zurechtfinden, man vergisst nichts, ...) und im Weiteren mit den Schülern praktisch einzuüben.

Hinweis für die Lehrkraft
Interessante Hausaufgaben – ein Suchraster für die Lehrkraft

(vgl. PW 12/ 84; In: Lemnitzer/Wiater 1999, S. 76 f.)

1. Motivierende Tätigkeiten

a) Tätigkeiten zur Informationsgewinnung:
suchen, sammeln, ausschneiden, interviewen, besuchen, erkunden, anfragen, sich erkundigen, Material bestellen, nachschlagen, lesen, gezielt fernsehen, Internetsuchmaschinen nutzen, Versuche durchführen, beobachten, vergleichen, ...

b) Kreativ-produktive Tätigkeiten:
basteln, bauen, handarbeiten, zeichnen, malen, fotografieren und am PC bearbeiten, erfinden, rätseln, spielen, ...

2. Schülerbezogene Hausaufgabeninhalte

a) Einzelne Schüler bringen sich selbst und ihre speziellen Interessen und Fähigkeiten ein:
Tierexperte, Sammler von ..., Techniker, Sportler, Bastler, Briefe, Erzählungen, ...

b) Einbringen der unmittelbaren Umgebung:
Geschehnisse und Probleme im Schuleinzugsbereich, Erforschen der Geschichte und der Natur des Heimatraumes, ...

d) Aktuelle Bezüge und Tagesthemen:
sich in Nachrichten über aktuelle Geschehnisse informieren, Zeitung lesen, gezielt Fernsehen, Radio hören, ...

3. Mögliche weitere Ziele von Hausaufgaben

a) Hausaufgaben als Beiträge zur Gemeinschaftsförderung:
Briefwechsel mit Partnerklassen, Klassentagebuch, Briefe an Institutionen, Klassenzeitung, Schulhausaustellungen, Schaukästen, ...

b) Hausaufgaben zur individuellen Bereicherung und Anerkennung:
Sich bei einem Referat als Fachmann erleben, an Wettbewerben teilnehmen, intellektuelle Mutproben, ...

4. Flexibles Stellen von Hausaufgaben

a) Hausaufgaben nicht nur vom Lehrer und aus dem Buch:
Schüler (er-)finden selbst Aufgaben, Planungsgruppen, Auswählen der Hausaufgaben aus einem Angebot, ...

b) Unterschiedliche Verbindlichkeit von Hausaufgaben:
verbindliche und freiwillige Hausaufgaben, verbindliche Hausaufgaben mit frei wählbaren Inhalten, Langzeithausaufgaben, Aufgaben über mehrere Tage aufgeben, ...

c) Differenzierte Hausaufgaben:
- nach Schwierigkeit, Umfang, Interesse, Inhalten, ...
- in der Sozialform (Hausaufgabengruppen, Tutoren, Nachbarschaftshilfe, ...)

d) Variation in der Hausaufgabenkontrolle:
Aushang der Lösungen, Hausaufgaben als Vortrag, ...

Kopiervorlage

KV 8: unordentliches Hausaufgabenheft

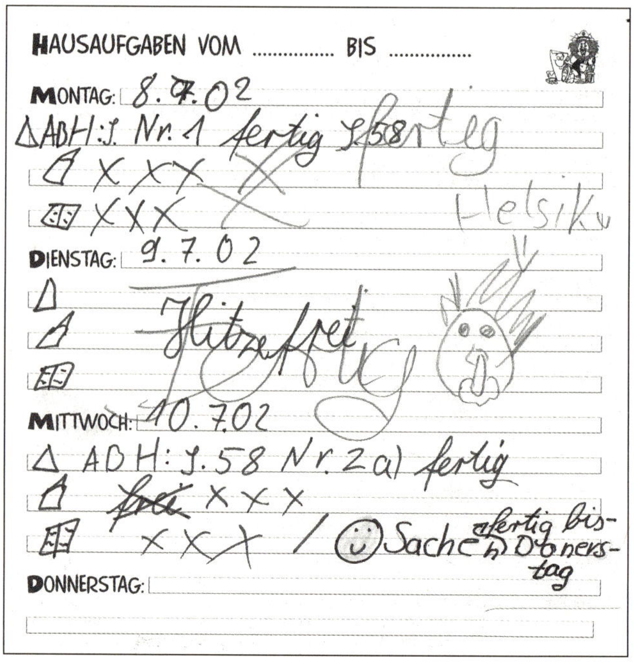
HAUSAUFGABEN VOM .... BIS ....
MONTAG: 8.7.02
ADH: S. Nr. 1 fertig S. 58 fertig
DIENSTAG: 9.7.02
Hitzefrei
MITTWOCH: 10.7.02
ADH: S. 58 Nr. 2a) fertig
Sachen fertig bis Donnerstag
DONNERSTAG:

S	G	N
U	F	E
A	U	B
H	A	A

Gruppen-arbeit

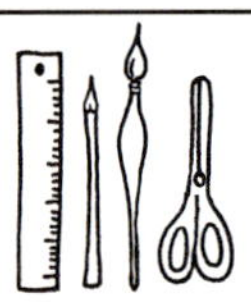

Material: Federmäppchen

Denkt an die Gruppenarbeitsregeln.

Einigt euch auf einen Helfer.

1. Lest die Hausaufgabentipps durch und wählt einen zur weiteren Bearbeitung aus.
2. Übertragt in möglichst wenigen Stichwörtern das Wesentliche aus dem von euch gewählten Tipp auf die Karte.
3. Malt ein Bild dazu, das euch hilft, den Inhalt zu merken.

Erstellt weitere Karten!

Hausaufgabentipps

Lieber **kurz und gründlich** an den Hausaufgaben arbeiten, als stundenlang Zeit zu vertrödeln.

Ein **sauberer und fester Arbeitsplatz** erleichtert das Lernen und das Erledigen der Hausaufgaben.

Hausaufgabenreihenfolge: leicht – schwer – leicht

Beginne mit leichten Aufgaben zum „Aufwärmen". Mache dann die schwierigen Aufgaben. Sie lassen sich am besten erledigen, wenn dein Gehirn etwas „warm" ist. Zum Schluss arbeitest du wieder an leichteren Aufgaben.

Führe das **Hausaufgabenheft** genau und gründlich.
Hake bereits gemachte Aufgaben ab. Dann siehst du, was du schon erledigt hast und kannst nichts vergessen.

Hausaufgabentipps

Das kann dir beim Erledigen der Hausaufgaben helfen:

- Nachschlagewerke, z. B. der (Kinder-)Duden
- eine Pinnwand mit Merkzetteln
- eine Uhr, um Aufgaben auch mal in einer bestimmten Zeitspanne zu erledigen
- die Telefonnummern deiner Freunde, um sie bei Schwierigkeiten anrufen zu können
- …

Ein **guter Handwerker** hält seine Werkzeuge in Ordnung.
Wenn du keine oder nur sehr wenig Hausaufgaben aufhast, nimm dir 15 Minuten Zeit und räume deine Büchertasche auf, hefte die Blätter ab und spitze deine Stifte.

Meine Freunde …

Manche Aufgaben lassen sich besser erledigen, wenn man sie zusammen bearbeitet.

→ Aber lass dir die Arbeit nicht von ihnen abnehmen!

Wenn du ganz viele Hausaufgaben aufhast, dann teile dir die Hausaufgaben in **überschaubare Portionen** ein, die du auch in angemessener Zeit lösen kannst.
Achte dabei auf die Abwechslung zwischen leichten und schwierigen Aufgaben.

Hausaufgabentipps

Nimm dir für die Zeit **nach den Hausaufgaben** etwas vor, worauf du dich **freuen** kannst.
Du wirst sehen, dass es dir dann leichter fällt konzentriert zu arbeiten.

Wer hart arbeitet, muss auch eine Pause machen …

Lege zwischendurch lieber mehrere kurze Pausen ein als eine lange:

- zum Beispiel eine kurze Lernpause nach jeder Lernportion (aufstehen, einen Apfel essen, das Fenster öffnen, …) oder
- eine längere Pause, wenn du bereits lange gearbeitet hast (Fußball spielen, Freunde treffen, …).

Verschiebe nichts auf morgen …

Erledige Hausaufgaben gleich an dem Tag, an dem sie gestellt wurden. Die Zusammenhänge sind dann noch frisch in Erinnerung. Wiederhole das Gelernte oder Geübte, z. B. im Mathematikunterricht, einen Tag vor der nächsten Mathematikstunde.

Feste Lernzeit

Erledige die Hausaufgaben möglichst immer zum gleichen Zeitpunkt. Mit einer **festen Lernzeit** kann man sich nicht so leicht vor Hausaufgaben drücken.

Mein Lieblingsstift

Das Lösen von Hausaufgaben macht viel mehr Freude, wenn du sie mit einem besonderen Stift, der dir sehr gut gefällt, erledigst.

Name: ______________________ Datum: ______________________ KV 6

Lieber **kurz und gründlich** an den Hausaufgaben arbeiten, als stundenlang Zeit zu vertrödeln. Ein **sauberer und fester Arbeitsplatz** erleichtert das Lernen und das Erledigen der Hausaufgaben.	**Hausaufgabenreihenfolge:** leicht – schwer – leicht Beginne mit leichten Aufgaben zum „Aufwärmen“. Mache dann die schwierigen Aufgaben. Sie lassen sich am besten erledigen, wenn dein Gehirn etwas „warm“ ist. Zum Schluss arbeitest du wieder an leichteren Aufgaben.	Nimm dir für die Zeit **nach den Hausaufgaben** etwas vor, worauf du dich **freuen** kannst. Du wirst sehen, dass es dir dann leichter fällt konzentriert zu arbeiten.
Wer hart arbeitet, muss auch eine Pause machen … Lege zwischendurch lieber mehrere kurze Pausen ein als eine lange: – zum Beispiel eine kurze Lernpause nach jeder Lernportion (aufstehen, einen Apfel essen, das Fenster öffnen, …) oder – eine längere Pause, wenn du bereits lange gearbeitet hast (Fußball spielen, Freunde treffen, …).	**Verschiebe nichts auf morgen …** Erledige Hausaufgaben gleich an dem Tag, an dem sie gestellt wurden. Die Zusammenhänge sind dann noch frisch in Erinnerung. Wiederhole das Gelernte oder Geübte, z.B. im Mathematikunterricht, einen Tag vor der nächsten Mathematikstunde.	**Das kann dir beim Erledigen der Hausaufgaben helfen:** ➪ Nachschlagewerke, z. B. der (Kinder-)Duden ➪ eine Pinnwand mit Merkzetteln ➪ eine Uhr, um Aufgaben auch mal in einer bestimmten Zeitspanne zu erledigen ➪ die Telefonnummern deiner Freunde, um sie bei Schwierigkeiten anrufen zu können ➪ …
Feste Lernzeit Erledige die Hausaufgaben möglichst immer zum gleichen Zeitpunkt. Mit einer **festen Lernzeit** kann man sich nicht so leicht vor Hausaufgaben drücken.	**Mein Lieblingsstift** Das Lösen von Hausaufgaben macht viel mehr Freude, wenn du sie mit einem besonderen Stift, der dir sehr gut gefällt, erledigst.	**Meine Freunde …** *Manche* Aufgaben lassen sich besser erledigen, wenn man sie zusammen bearbeitet. ➔ Aber lass dir die Arbeit nicht von ihnen abnehmen!
Wenn du ganz viele Hausaufgaben aufhast, dann teile dir die Hausaufgaben in **überschaubare Portionen** ein, die du auch in angemessener Zeit lösen kannst. Achte dabei auf die Abwechslung zwischen leichten und schwierigen Aufgaben.	Führe das **Hausaufgabenheft** genau und gründlich. Hake bereits gemachte Aufgaben ab. Dann siehst du, was du schon erledigt hast und kannst nichts vergessen.	Ein **guter Handwerker** hält seine Werkzeuge in Ordnung. Wenn du keine oder nur sehr wenig Hausaufgaben aufhast, nimm dir 15 Minuten Zeit und räume deine Büchertasche auf, hefte die Blätter ab und spitze deine Stifte.

7. Fünf-Finger-Regel zum besseren Behalten von Lernstoff

Allgemeine Hinweise

Die Fünf-Finger-Regel zum besseren Behalten von Lernstoff ist eine anschauliche Zusammenfassung einfacher Strategien für Grundschulkinder.

Sie umfasst folgende Bereiche:
- Mündliche Mitarbeit
- Markierungstechnik des Lern-Drei-Sprungs
- Heft- und Mappenführung
- Hausaufgaben
- Arbeitsplatz
- Schlaf sowie gesunde Ernährung (Frühstück/ Pausenbrot)

Die einzelnen Finger sind dabei gleichzeitig eine wertvolle Hilfe für die Lernenden, die besprochenen Strategien zu memorieren und in das Verhaltensrepertoire übergehen zu lassen.

Unterrichtssequenz

<table>
<tr><th colspan="2">Die Fünf-Finger-Regel zum besseren Behalten von Lernstoff</th></tr>
<tr><td>1. und 2. UZE:</td><td>Einführung der Fünf-Finger-Regel</td></tr>
<tr><td>3. UZE:</td><td>So merke ich mir die Fünf-Finger-Regel zum besseren Behalten von Lernstoff</td></tr>
<tr><td colspan="2">Training/Automation:
Einübung und Reflexion erfolgen situationsorientiert im Unterrichtsalltag an den Trainingsbausteinen
– Mündliche Mitarbeit (vgl. S. 51)
– Lern-Drei-Sprung (vgl. S. 23)
– Heft- und Mappenführung (vgl. S. 42)
– Hausaufgaben (vgl. S. 75)
– Arbeitsplatz in der Schule (vgl. S. 60)

Auf den Bereich gesunde Ernährung kann im Rahmen des Heimat- und Sachunterrichts eingegangen werden.</td></tr>
</table>

Unterrichtspraktische Umsetzung

Vorwissen der Kinder

Für diese Unterrichtssequenz ist es vorteilhaft, die einzelnen Lernmethodikbausteine der mündlichen Mitarbeit, der Markierungstechnik des Lern-Drei-Sprungs, der Heft- und Mappenführung und des Arbeitsplatzes eingeführt zu haben, weil diese Regel die Zusammenfassung der einzelnen Bausteine in einer Merkregel zusammenfasst. Prinzipiell kann diese Unterrichtszeiteinheit auch eigenständig ohne Vorwissen der Kinder zum Lernen lernen durchgeführt werden.
Dann sollten die einzelnen „Finger“ der Regel im Folgenden mit den einzelnen Trainingsbausteinen eingeübt werden.

Vorbereitung

Die Kinder entnehmen im Laufe der Unterrichtszeiteinheit Informationen aus Texten (KV 2–7). Hierfür bietet sich die Gruppenarbeit an.
Als methodische Variante ist es möglich, die Texte wie zu einem Laufdiktat an gut zugänglichen Stellen im Klassenzimmer aufzuhängen. Wichtig ist in diesem Zusammenhang allerdings, die Schüler darauf hinzuweisen, dass sie nur ihren Text entsprechend des Arbeitsauftrages bearbeiten.
Die Schüler können dann einzeln oder mit einem Partner mit Hilfe des Arbeitsauftrages die Information entnehmen und diese an ihrem Arbeitsplatz in Stichworten notieren.

Benötigtes Material:
- ☐ KV 1 / Fünf-Finger-Regel: Einstiegsfolie Peter
- ☐ KV 2–7 / Fünf-Finger-Regel: Regeln zum besseren Behalten von Lernstoff (Informationstexte)
- ☐ KV 8–10 / Fünf-Finger-Regel: Detektivaufträge zu der Fünf-Finger-Regel

Hinweis für die Lehrkraft

Die Texte für die Kinder sind quantitativ und qualitativ differenziert und können den Kindern entsprechend ihren unterschiedlichen Fähigkeiten zugeordnet werden.
Für schnell arbeitende Schüler findet sich am Ende jeden Arbeitsauftrages ein Zusatzauftrag.

Möglicher Unterrichtsverlauf

1. und 2. UZE: Einführung der Fünf-Finger-Regel

Grobziel

Die Schüler sollen durch Bearbeiten von Informationstexten eine Zusammenfassung über Möglichkeiten zum besseren Behalten von Lernstoff erhalten.

Durchführung

Einstieg
Lehrkraft legt die Folie KV 1 auf oder hängt diese vergrößert an die Tafel und ergänzt eine Denkblase „HSU-Klassenarbeit Mittwoch?"
Die Schüler äußern frei ihre Vermutungen dazu.
Lehrerimpuls:
Der Peter vermutet, dass bald eine Klassenarbeit in Heimat- und Sachunterricht ansteht. Aber er ist ängstlich und unsicher. Wie er das mit dem Lernen, Merken und Einprägen machen soll, ist für ihn noch ein Problem. Du kannst dir denken, welche Frage er sich stellt.

Die Lehrkraft notiert eine mögliche Schüleräußerung als Zielangabe an der Tafel, z. B.: – Wie kann ich mir das alles merken?

TA 1

Lehrerimpuls:
Du hast vielleicht ein paar Tipps für den Peter.

Die Lehrkraft notiert die Schülervorschläge.

TA 2

Erarbeitung
Lehrkraft deutet auf die Überschrift.

Lehrerimpuls:
Die Antwort auf die Frage habe ich in Büchern nachgelesen und für dich aufgeschrieben.
Die Arbeitsaufträge (KV 8–10) werden ausgeteilt und es erfolgt ein Hinweis auf den zusätzlichen Arbeitsauftrag für schnelle Schüler.
In arbeitsteiliger Partner- oder Gruppenarbeit werden die Detektivaufträge nach Einholen der Informationen besprochen und dann notiert.

Lehrerimpuls:
Ich bin nun gespannt, was du herausbekommen hast. Lies die Frage vor und nenne die Antwort.

Lehrkraft notiert und entwickelt das mittlere Tafelbild.

TA 3

Die beim Einstieg genannten Möglichkeiten werden mit denen der Fünf-Finger-Regel verglichen.
Lehrerimpuls:
Du hast zu Beginn schon einige Möglichkeiten genannt.

Sicherung
Die Lehrkraft klappt die Tafel zu.
Lehrerimpuls:
Du hast nun viele Möglichkeiten kennen gelernt. Du kannst Peter etwas empfehlen.

Die Schüler verbalisieren das Erarbeitete.

Abschluss
Die Lehrkraft legt die Folie (KV 1) erneut auf, deutet auf Peters Mund und fährt ihn nach.
Lehrerimpuls:
Peter muss nun nicht mehr unsicher sein.
Lehrkraft verändert mit einem dicken Folienschreiber die Folie, indem sie das „?" durch ein „!" ersetzt.

Darauf muss ich als Lehrender bei der Durchführung achten:
- Im Vergleich der erarbeiteten Möglichkeiten der Mitteltafel mit den bereits an der Seite fixierten auf der rechten Außentafel ist es wichtig, die deckungsgleichen Vorschläge abzuhaken, zugleich aber auch zu betonen, dass die anderen Schülervorschläge nicht etwa falsch sind, sondern lediglich weitere Möglichkeiten darstellen.

Möglicher Unterrichtsverlauf

3. UZE: So merke ich mir die Fünf-Finger-Regel zum besseren Behalten von Lernstoff

Grobziel

Die Schüler sollen die Fünf-Finger-Regel zum besseren Behalten von Lernstoff mit Hilfe von Bewegungen auswendig lernen.

Benötigtes Material:
- ☐ KV 11, 12 / Fünf-Finger-Regel: Zusammenfassung der Regeln (Arbeitsblatt und Folie)

- ☐ KV 13a / Fünf-Finger-Regel: Die Fünf-Finger-Regel
- ☐ KV 13b / Fünf-Finger-Regel: Die Fünf-Finger-Regel (Lösungsbogen, Folie)
- ☐ KV 13c / Fünf-Finger-Regel: Ausschneidebogen – Piktogramme zur Fünf-Finger-Regel

Durchführung

Anknüpfung
Lehrerimpuls:
Du hast letzte Stunde für Peter Ratschläge gesammelt und erarbeitet, wie man sich Lernstoff besser merken kann.

Schüler wiederholen die Ratschläge bzw. die Fünf-Finger-Regel. Die Lehrkraft notiert die Schlagwörter:
- Aufpassen und Zuhören
- Mitdenken und Mitreden
- Lern-Drei-Sprung
- Heft- und Mappenführung und Hausaufgaben
- Arbeitsplatz, genügend Schlaf, gesundes Frühstück und Pausenbrot

Zielangabe:
Du wirst heute eine Möglichkeit kennen lernen, dir diese fünf Punkte zu merken.

Erarbeitung
Lehrerimpuls:
Zunächst wirst du die einzelnen Texte, die an den Wänden hängen, auf zwei Arbeitsblättern erhalten (KV 11, 12). Lies dir die Texte durch und versuche nur die wichtigsten Wörter zu unterstreichen. Denke an den Lern-Drei-Sprung.

Nachdem die Schüler die Texte gelesen und unterstrichen haben, was ggf. auch arbeitsteilig geschehen kann, ergänzt die Lehrkraft die Überschrift (Die Fünf-Finger-Regel zum besseren Behalten von Lernstoff) und unterstreicht zusammen mit den Schülern noch einmal die wichtigen Wörter auf den Folien (KV 11, 12).

Einüben der Fünf-Finger-Regel als Merkregel

Hinweis für die Lehrkraft
Die passenden Bewegungen zu den einzelnen Fingern unterstützen das Memorieren.

Lehrerimpuls:
Stehe bitte auf. Du bist mein Echo und sprichst mir nach.
Lehrkraft spricht vor, demonstriert, Schüler wiederholen.

Daumen → nach oben:
Mit Aufpassen und Zuhören bin ich total gut drauf, weil ich nicht abgelenkt bin.

Zeigefinger → melden:
Wenn ich mich melde und mitdenke, merke ich, ob ich alles verstanden habe.

Mittelfinger → größter Finger:
Mit dem Lern-Drei-Sprung überspringe ich größte Hürden.

Ringfinger:
Bei der Heftführung und den Hausaufgaben dreht sich alles um Ordentlichkeit und Vollständigkeit.

Kleiner Finger → kleinster Finger:
Mit einem aufgeräumten Arbeitsplatz, genügend Schlaf und einem gesunden Frühstück werden selbst kleine Menschen groß.

Sicherung
Die Schüler fahren auf dem Arbeitsblatt (KV 13a) ihre rechte Hand nach, kleben die Klebeteile (KV 13c) auf und füllen den Lückentext aus.

Weiterführung und Training

Für eine Internalisierung der Strategien der Fünf-Finger-Regel ist es wichtig, neben der expliziten Behandlung von Trainingsbausteinen auch die einzelnen „Finger" unterrichtsbegleitend und situationsorientiert immer wieder in das Bewusstsein der Lernenden zu rufen und Handlungsmöglichkeiten anzubieten.

Tafelbild: 1. und 2. Unterrichtszeiteinheit: Einführung der Fünf-Finger-Regel

Möglichkeiten/ Vergleich: – Schüleräuße-rungen – – – – –	*Wie kann ich mir das alles merken?* • *Aufpassen und Zuhören* → leichteres Merken, • *Mitreden und Mitdenken* richtiges Antworten, zum Thema sprechen, alles verstanden?, besseres Erinnern • *Lern-Drei-Sprung* → Wichtiges unterstreichen • *Heft- und Mappenführung/ Hausaufgaben?* → vollständig • *Arbeitsplatz, Schlaf und ein gesundes Frühstück* → bessere Konzentration, Energie zum Lernen	

Kopiervorlage

KV 1: Einstiegsfolie Peter

Aufpassen und Zuhören

Passe gut auf und höre zu, wenn der Lehrer etwas erklärt.

Lasse dich nicht ablenken. So kannst du dir wichtige Dinge leichter merken.

Sollte dich dein Nachbar oder deine Nachbarin beim Aufpassen und Zuhören stören, bitte ihn *leise* und *freundlich* darum aufzuhören.

Mitdenken und Mitreden

Es ist wichtig, dass du mitdenkst, wenn der Lehrer oder deine Mitschüler etwas sagen oder zeigen.

Du kannst dann zum Thema sprechen und auf Fragen richtig antworten.
Wenn du genau hinhörst und dazu selber sprichst, kannst du es dir besser merken.
Ebenso erkennst du, wenn du etwas nicht verstanden hast.

Habe den Mut nachzufragen, wenn du etwas nicht ganz genau verstanden hast. Der Lehrer und deine Mitschüler erklären es dir.

Lern-Drei-Sprung

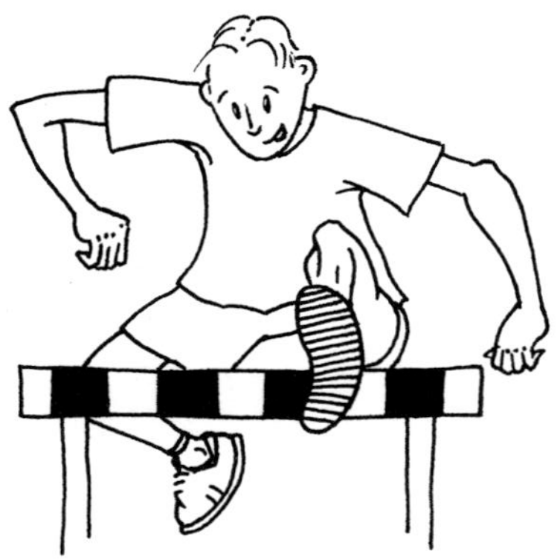

Wenn du dir etwas merken möchtest, arbeitest du nach dem Lern-Drei-Sprung.

Er hilft dir, das Wichtige auf den Blättern zu merken.

Der Lern-Drei-Sprung besteht aus drei Sprüngen:

1. Sprung: Durchlesen, Unterstreichen und Markieren der wichtigen Wörter
2. Sprung: Mehrmals halblaut vorlesen, auf Stichworte achten
3. Sprung: Schwer zu Merkendes noch einmal abschreiben, ein Bild daneben malen

Heft- und Mappenführung

Führe deine Mappe sauber und ordentlich. Es fällt dir dann leichter, dich an das Gelernte zu erinnern.

Wenn du ordentlich unterstreichst und ausmalst, erinnerst du dich leichter an die wichtigen Punkte auf dem Blatt.

Achte auf Vollständigkeit.
Gib dem Lehrer Bescheid, wenn dir ein Blatt fehlt.
Schreibe ihm rechtzeitig einen freundlichen Zettel.

Es kann sonst passieren, dass du für die Klassenarbeit lernen willst, aber die nötigen Blätter nicht hast.

Hausaufgaben

Die Hausaufgaben sind wichtig, um das zu üben und vorzubereiten, was du in der Schule gehört hast. Achte deswegen auf Vollständigkeit.

Oft merkt man erst zu Hause, ob man eine Aufgabe ganz alleine lösen kann. Bearbeite deswegen alle Aufgaben, die du als Hausaufgabe aufhast.

Gib dem Lehrer Bescheid, wenn du etwas nicht ganz verstanden hast. Er wird dir weiterhelfen.

Teile dem Lehrer mit, wenn du etwas vergessen hast oder nicht erledigen konntest.

Arbeitsplatz, Schlaf und ein gutes Frühstück

Zu Hause:

Halte deinen Arbeitsplatz ordentlich. Dann wirst du nicht abgelenkt. Dein Arbeitsplatz ist ein Wohlfühlplatz, an dem du nicht gestört werden sollst.

Achte auf genügend Schlaf. Wenn du ausgeschlafen bist, kannst du dich besser in der Schule konzentrieren.

Damit du gut aufpassen kannst, ist es wichtig, in Ruhe zu frühstücken und ein gesundes Pausenbrot dabeizuhaben.

Du weißt, dass darin wichtige Stoffe sind. Sie geben dir die nötige Energie zum Lernen am Morgen.

Dein Auftrag:

Lies genau und notiere auf dem Notizblock:

1. Nenne den Grund, weswegen du gut aufpassen und zuhören sollst.
2. Wie hilfst du dir, wenn dich dein Nachbar oder deine Nachbarin stört?

Vergleiche dein Ergebnis mit den Ergebnissen aus deiner Gruppe.

Viel Erfolg.

Für schnelle Schüler

Spezialauftrag

Ist es dir schon einmal passiert, dass du etwas nicht mitbekommen hast, weil du abgelenkt warst?
Schreibe ein Beispiel mit einem Stichwort auf.

Dein Auftrag:

Lies genau und notiere auf dem Notizblock:

1. Findest du alle Gründe, weswegen du im Unterricht mitdenken sollst?
2. Nachfragen ist wichtig. Warum?

Vergleiche dein Ergebnis mit den Ergebnissen aus deiner Gruppe.

Viel Erfolg.

Für schnelle Schüler

Spezialauftrag

Ist es dir schon einmal passiert, dass du eine Frage nicht beantworten konntest, weil du nicht mitgedacht hast?
Schreibe ein Beispiel mit einem Stichwort auf.

Dein Auftrag:

Lies genau und notiere auf dem Notizblock:

1. Das ist beim Lern-Drei-Sprung zu tun.
2. Weswegen ist es sinnvoll den Lern-Drei-Sprung anzuwenden? Begründe.

Vergleiche dein Ergebnis mit den Ergebnissen aus deiner Gruppe.

Viel Erfolg.

Für schnelle Schüler

Spezialauftrag

Ist es dir schon einmal passiert, dass du dich besser an ein Arbeitsblatt erinnern konntest, weil du die wichtigen Wörter unterstrichen hast?
Notiere ein Beispiel mit einem Stichwort.

Dein Auftrag:

Lies genau und notiere auf dem Notizblock:

1. Weswegen ist es wichtig, alle Hausaufgaben zu machen?

Vergleiche dein Ergebnis mit den Ergebnissen aus deiner Gruppe.

Viel Erfolg.

Für schnelle Schüler

Spezialauftrag

Ist es dir schon einmal passiert, dass du, wenn du alle Hausaufgaben vollständig erledigt hast, die Aufgaben in der Schule auch besser lösen konntest?
Notiere ein Beispiel mit einem Stichwort.

Dein Auftrag:

Lies genau und notiere auf dem Notizblock:

1. Was ist nötig, damit du dich leichter an das Gelernte in der Mappe erinnerst?
2. Beim Führen der Mappe musst du noch auf etwas Besonderes achten. Begründe.

Vergleiche dein Ergebnis mit den Ergebnissen aus deiner Gruppe.

Viel Erfolg.

Für schnelle Schüler

Spezialauftrag

Ist es dir schon einmal passiert, dass du dich besser an ein Arbeitsblatt erinnern konntest, weil du die Seite schön gestaltet hast?
Notiere ein Beispiel mit einem Stichwort.

Dein Auftrag:

Lies genau und notiere auf dem Notizblock:

1. Auch zu Hause kannst du auf drei Dinge achten.
2. Nenne die Gründe, weswegen es wichtig ist, genügend zu schlafen und gut zu frühstücken.

Vergleiche dein Ergebnis mit den Ergebnissen aus deiner Gruppe.

Viel Erfolg.

Für schnelle Schüler

Spezialauftrag

Ist es dir schon einmal passiert dass du dich nicht konzentrieren konntest, weil du nicht ausgeschlafen hattest?
Notiere ein Beispiel mit einem Stichwort.

Name: ______________	Datum: ______________		KV 11

Aufpassen und Zuhören

Passe gut auf und höre zu, wenn der Lehrer etwas erklärt.

Lasse dich nicht ablenken. So kannst du dir wichtige Dinge leichter merken.

Sollte dich dein Nachbar oder deine Nachbarin beim Aufpassen und Zuhören stören, bitte ihn *leise* und *freundlich* darum aufzuhören.

Mitdenken und Mitreden

Es ist wichtig, dass du mitdenkst, wenn der Lehrer oder deine Mitschüler etwas sagen oder zeigen.

Du kannst dann zum Thema sprechen und auf Fragen richtig antworten.

Wenn du genau hinhörst und dazu selber sprichst, kannst du es dir besser merken.

Ebenso erkennst du, wenn du etwas nicht verstanden hast.

Habe den Mut nachzufragen, wenn du etwas nicht ganz genau verstanden hast. Der Lehrer und deine Mitschüler erklären es dir.

Lern-Drei-Sprung

Wenn du dir etwas merken möchtest, arbeitest du nach dem Lern-Drei-Sprung.

Er hilft dir, das Wichtige auf den Blättern zu merken.

Der Lern-Drei-Sprung besteht aus drei Sprüngen:

1. Sprung: Durchlesen, Unterstreichen und Markieren der wichtigen Wörter
2. Sprung: Mehrmals halblaut vorlesen, auf Stichworte achten
3. Sprung: Schwer zu Merkendes noch einmal abschreiben, ein Bild daneben malen

Name: ____________________	Datum: ________________		KV 12	

Heft- und Mappenführung
Führe deine Mappe sauber und ordentlich. Es fällt dir dann leichter, dich an das Gelernte zu erinnern.
Wenn du ordentlich unterstreichst und ausmalst, erinnerst du dich leichter an die wichtigen Punkte auf dem Blatt.
Achte auf Vollständigkeit. Gib dem Lehrer Bescheid, wenn dir ein Blatt fehlt. Schreibe ihm rechtzeitig einen freundlichen Zettel.
Es kann sonst passieren, dass du für die Klassenarbeit lernen willst, aber die nötigen Blätter nicht hast.

Hausaufgaben
Die Hausaufgaben sind wichtig, um das zu üben und vorzubereiten, was du in der Schule gehört hast. Achte deswegen auf Vollständigkeit.
Oft merkt man erst zu Hause, ob man eine Aufgabe ganz alleine lösen kann. Bearbeite deswegen alle Aufgaben, die du als Hausaufgabe aufhast.
Gib dem Lehrer Bescheid, wenn du etwas nicht ganz verstanden hast. Er wird dir weiterhelfen.
Teile dem Lehrer mit, wenn du etwas vergessen hast oder nicht erledigen konntest.

Arbeitsplatz, Schlaf und ein gutes Frühstück
Zu Hause:
Halte deinen Arbeitsplatz ordentlich. Dann wirst du nicht abgelenkt. Dein Arbeitsplatz ist ein Wohlfühlplatz, an dem du nicht gestört werden sollst.
Achte auf genügend Schlaf. Wenn du ausgeschlafen bist, kannst du dich besser in der Schule konzentrieren.
Damit du gut aufpassen kannst, ist es wichtig, in Ruhe zu frühstücken und ein gesundes Pausenbrot dabeizuhaben.
Du weißt, dass darin wichtge Stoffe sind. Sie geben dir die nötige Energie zum Lernen am Morgen.

Name: ____________	Datum: ____________		KV 13a	

Mit

____

bin ich total gut drauf, weil ich nicht abgelenkt bin.

Mit

____

merke ich, ob ich alles verstanden habe.

Mit dem

____

überwinde ich selbst größte Hürden.

Bei der

____

dreht sich alles um Ordentlichkeit und Vollständigkeit.

Mit einem

____

werden selbst kleine Menschen groß.

Lösungsbogen

Name: ______________	Datum: ______________		KV 13b

Die Fünf-Finger-Regel

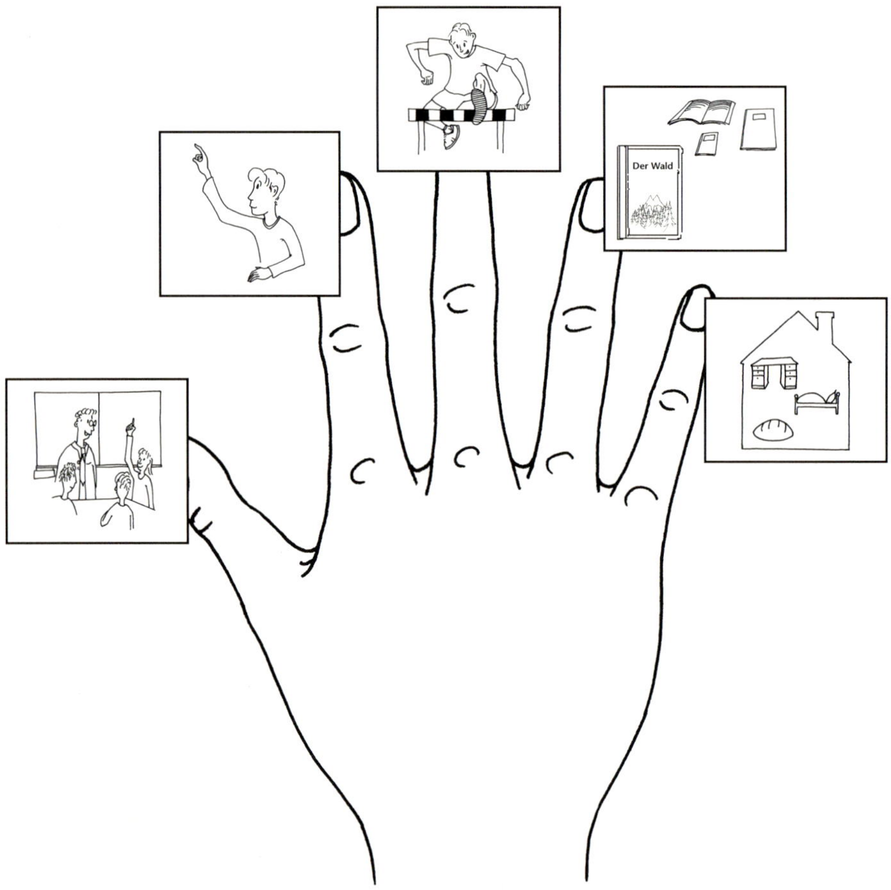

Mit
Aufpassen und Zuhören
bin ich total gut drauf, weil ich nicht abgelenkt bin.

Mit
Mitdenken und Mitreden
merke ich, ob ich alles verstanden habe.

Mit dem
Lern-Drei-Sprung
überwinde ich selbst größte Hürden.

Bei der
Heftführung und den Hausaufgaben
dreht sich alles um Ordentlichkeit und Vollständigkeit.

Mit einem
aufgeräumten Arbeitsplatz, genügend Schlaf und einem gesunden Frühstück
werden selbst kleine Menschen groß.

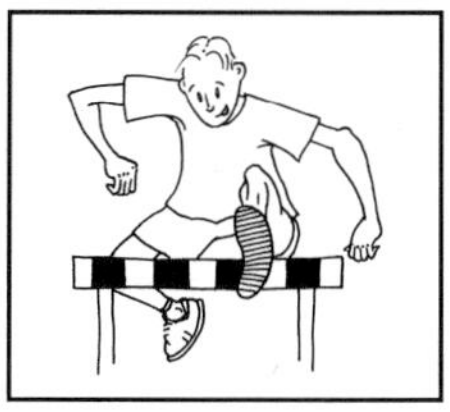

Der Wald

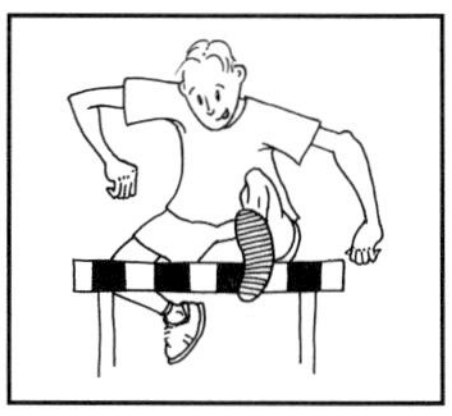

Der Wald

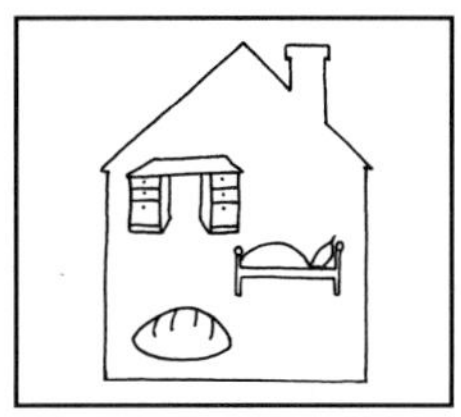

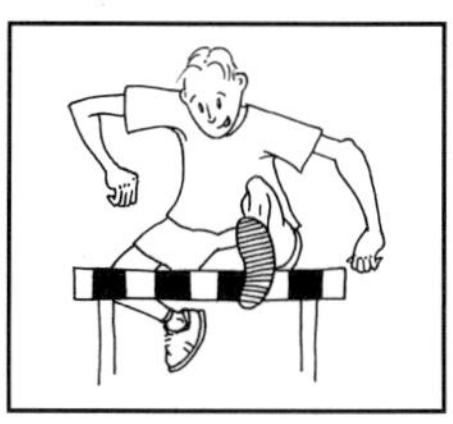

Der Wald

8. Ich bin dein Lernberater

Allgemeine Hinweise

Jemandem etwas raten, ihn beraten, ihm einen Ratschlag geben kann auch etwas Gefährliches sein.

Bezogen auf den Ratschlag, kann der Rat v. a. für den Ratgeber tatsächlich zum „(Rat-)Schlag" werden, wenn die gegebenen Hinweise keinen Erfolg bringen.

Ein Ausweg aus diesem Dilemma kann es sein, den Lernenden die Ratschläge und Hinweise selbst erarbeiten, entdecken, formulieren und anwenden zu lassen.

Im folgenden Beispiel wiederholen die Schüler am Beispiel des Peter Müller selbstständig effektive Strategien zum Lernen in der Schule.

Dabei formulieren sie Tipps zu den einzelnen Verhaltensbeschreibungen des Peter Müller und reflektieren dabei die Arbeitsplatzgestaltung, Heftführung, mündliche Mitarbeit, die Bedeutung des Frühstücks, des Pausenbrots bzw. von ausreichend Schlaf. Somit denken die Kinder sowohl über kognitive als auch ressourcenbezogene Strategien nach.

Unterrichtssequenz

Ich bin dein Lernberater	
1. UZE:	Ich bin dein Lernberater
Training/Automation: Anwendung und Reflexion erfolgen situationsorientiert im Unterrichtsalltag	

Unterrichtspraktische Umsetzung

Vorwissen der Kinder

Für diese Unterrichtssequenz ist kein besonderes Vorwissen notwendig.

Sie fasst allerdings die Inhalte der Fünf-Finger-Regel zum besseren Behalten von Lernstoff noch einmal zusammen und kann als Wiederholung vor der Lernzielkontrolle eingesetzt werden (vgl. Lernmethodikbaustein Lernzielkontrolle S. 111).

Möglicher Unterrichtsverlauf

1 UZE: Ich bin dein Lernberater

Grobziel

Die Schüler sollen am Fallbeispiel des Peter Müller ungünstige Lernvoraussetzungen und ungünstiges Lernverhalten erkennen und begründete Verbesserungsvorschläge benennen.

Benötigtes Material:

- ☐ KV 1/ Lernberater: Zwischenzeugnis
- ☐ KV 2–6/ Lernberater: Lernberatung der Schüler

Hinweis für die Lehrkraft

Die KV 6 ist ein Differenzierungsauftrag für schnelle Schüler.

Durchführung

Einstieg

Der stumme Impuls erfolgt im Sitzkreis anhand des Zwischenzeugnisses von Peter (KV 1), wozu sich die Schüler frei äußern.

Zielangabe:

Bis zum Endjahreszeugnis hat Peter Müller noch Zeit, seine Leistungen zu verbessern. Du sollst ihm Tipps dazu geben.

TA 1

Erarbeitung

In arbeitsteiliger Partner- oder Gruppenarbeit geben die Schüler anhand der Texte (KV 2–5) der fiktiven Person Peter Müller Lerntipps. Die Lehrkraft verweist auf den Differenzierungsauftrag für schnelle Schüler (KV 6).

Sicherung

Die Sicherung erfolgt durch eine Wiederholung der Lerntipps an der Tafel.

TA 2–5

1. UZE: Tafelanschrift: Wir helfen Peter Müller

Heftführung:	*Wir helfen Peter Müller* TA 1		Arbeitsplatz:
	Essen und Schlafen	Mündliche Mitarbeit:	
– – TA 2 –	– – TA 3 –	– – TA 4 –	– – TA 5 –

Abschluss

Die Schüler fassen anhand des Tafelbildes die Ratschläge zusammen, und es überlegt jeder für sich, was für ihn in Bezug auf das eigene Lernen wichtig ist.

Weiterführung und Training

Im Folgenden werden die bisher erarbeiteten Trainingsbausteine und Unterrichtssequenzen durchgeführt und weiterhin trainiert.

Zwischenzeugnis

Schüler

Peter Müller

Deutsch	5
Mathe	6
HSU	5

____

(Unterschrift der Lehrkraft)

Peter hat Schwierigkeiten, sich die Arbeitsblätter aus dem Heimat- und Sachunterricht einzuprägen.

Deine Lernberatung:

Gib Peter Ratschläge, wie er seine Merkfähigkeit steigern kann und worauf er bei der Führung seines Heftes oder seiner Mappe besonders achten muss.

Notiere in kurzen (!) Sätzen auf deinem Notizblock.

Peter kommt oft erst kurz vor Unterrichtsbeginn zur Schule. Manchmal muss er 12-mal in einer Unterrichtsstunde gähnen.

In der Pause spielt er gerne mit Freunden.

Sein Pausenbrot lässt er in der Schultasche.

„Das hält mich nur auf. Es gibt ja bald Mittagessen", denkt er.

Deine Lernberatung:

Gib Peter Ratschläge, wie er seine Leistungen in der Schule verbessern könnte.

Notiere in kurzen (!) Sätzen auf deinem Notizblock.

Der Lehrer hat Peter mitgeteilt, dass er als mündliche Note für das letzte Thema die Note 5 bekommen hat.

Peter möchte seine mündliche Note verbessern.

Deine Lernberatung:

Gib Peter Ratschläge, wie er seine mündliche Note in der Schule verbessern kann.

Notiere in kurzen (!) Sätzen auf deinem Notizblock. Begründe.

Das ist Peters Arbeitsplatz

Deine Lernberatung:

Gib Peter Ratschläge, worauf er bei seinem Arbeitsplatz achten soll.

Notiere in kurzen (!) Sätzen auf deinem Notizblock. Begründe.

Für schnelle Schüler

Auf diesem Arbeitsplatz haben manche Dinge nichts zu suchen.

Manche Dinge sind nützlich oder gestalten den Arbeitsplatz angenehm. Sie gehören aber an einen anderen Platz.

Suche die Dinge und schreibe einen Vorschlag auf, wo du diese Dinge unterbringen würdest.

Beispiel:
Lampe →
Trinken →
Lineal →
… →

Deine Lernberatung:

Notiere in kurzen (!) Sätzen auf deinem Notizblock.

9. Lernzielkontrolle

Allgemeine Hinweise

Da es sich bei den Strategien nicht nur um ein konkret durchführbares Verhalten sondern auch um Faktenwissen handelt, ist es möglich, dieses Wissen in Form einer Lernzielkontrolle abzufragen.
In dieser Lernzielkontrolle werden die Bereiche aus der Unterrichtssequenz zur Fünf-Finger-Regel zum besseren Behalten von Lernstoff abgefragt. Nach Einführung, entsprechender Trainings- und Automatisierungsphase kann zur Wiederholung das Kapitel „Ich bin dein Lernberater" durchgeführt werden. Im Folgenden wird mithilfe der Lernzielkontrolle das entsprechende Wissen geprüft.

Diese sind im Einzelnen die Gebiete:

- ☑ Arbeitsplatz
- ☑ mündliche Mitarbeit
- ☑ Lern-Drei-Sprung
- ☑ Heft- und Mappenführung

Empfohlene Unterrichtssequenz

1. UZE:	So kann ich mir Lernstoff besser merken
2. UZE:	Einführung der **Fünf-Finger-Regel** zum besseren Behalten von Lernstoff
Training/Automation: Einübung und Reflexion erfolgen situationsorientiert im Unterrichtsalltag an den Trainingsbausteinen – Mündliche Mitarbeit (vgl. S. 51) – Lern-Drei-Sprung (vgl. S. 23) – Heft- und Mappenführung (vgl. S. 42) – Arbeitsplatz in der Schule (vgl. S. 60) – (gesundes Frühstück und Pausenbrot)	
Wiederholung 1. UZE	Ich bin dein Lernberater (vgl. S. 104)
Lernzielkontrolle	
1. UZE:	Schreiben der Lernzielkontrolle

Unterrichtspraktische Umsetzung

Vorwissen der Kinder
vgl. Empfohlene Unterrichtssequenz

Vorbereitungen

Benötigtes Material:

- ☐ KV 1a / Lernzielkontrolle: Lernzielkontrolle (2 Arbeitsblätter)
- ☐ KV 1b / Lernzielkontrolle: Musterlösungsvorschläge (Lösungsbogen)

Möglicher Unterrichtsverlauf

1. UZE: Schreiben der Lernzielkontrolle

Durchführung

Die Lernzielkontrolle wird mit den Schülern so durchgeführt, wie diese dies gewöhnt sind, z. B. in der Art der Vorbesprechung.

Name: ____________	Datum: ____________		KV 1a

Lernzielkontrolle

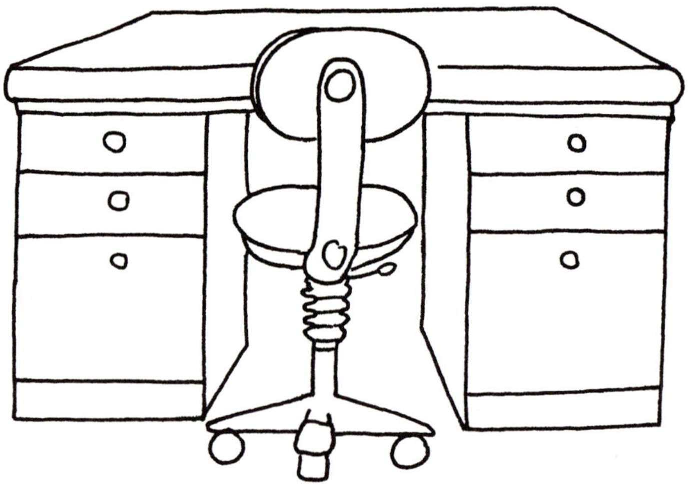

1. Gib Peter vier Ratschläge, worauf er bei seinem Arbeitsplatz achten soll.

   Zeichne die Lampe ein. Peter ist Linkshänder.

   1. ____________________
   2. ____________________
   3. ____________________
   4. ____________________ 5

2. Der Lehrer hat Peter mitgeteilt, dass er als mündliche Note für das letzte Thema die Note 5 bekommen hat.

   Peter möchte seine mündliche Note im Unterricht verbessern.

   Gib Peter anhand zweier Finger aus der Fünf-Finger-Regel zur Vorbereitung auf Klassenarbeiten Ratschläge und begründe.

   ____
   ____
   ____
   ____
   ____________________ 4

3. Peter fühlt sich oft müde und kaputt in der Schule.

Nenne zwei mögliche Ursachen und mache zwei Vorschläge, wie sich Peter wieder fitter fühlen könnte.

____

____

____

____

_______________ 4

4. Worauf muss Peter bei der Führung seines Schnellhefters achten? Nenne zwei Beispiele. Was kann sonst passieren?

____

____

____

____

_______________ 4

5. Peter will nach dem Lern-Drei-Sprung arbeiten.
Beachte die Reihenfolge der Sprünge.

1. Sprung: _______________

____

2. Sprung: _______________

____

3. Sprung: _______________

_______________ 3

Viel Erfolg.

Du hast von 20 Punkten _____ erreicht.

Unterschrift eines Erziehungsberechtigten: _______________

Lösungsbogen

Name: ____________	Datum: ____________		KV 1b

Musterlösungsvorschläge

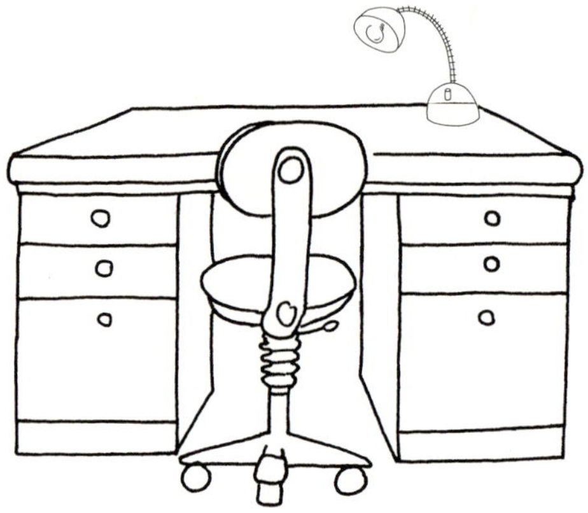

1. Gib Peter vier Ratschläge, worauf er bei seinem Arbeitsplatz achten soll. Zeichne die Lampe ein. Peter ist Linkshänder.
   1. richtige Beleuchtung
   2. ungestörter Arbeitsplatz
   3. aufgeräumter Arbeitsplatz
   4. benötigtes Arbeitsmaterial sowie ggf. Hilfsmittel wie z. B. Lexika 5

---

2. Der Lehrer hat Peter mitgeteilt, dass er als mündliche Note für das letzte Thema die Note 5 bekommen hat.
   Peter möchte seine mündliche Note im Unterricht verbessern.
   Gib Peter anhand zweier Finger aus der Fünf-Finger-Regel zur Vorbereitung auf Klassenarbeiten Ratschläge und begründe.
   1. Mitdenken und Mitreden → zum Thema sprechen, richtige Antworten geben
   2. Aufpassen und Zuhören → besseres Merken 4

---

3. Peter fühlt sich oft müde und kaputt in der Schule.
   Nenne zwei mögliche Ursachen und mache zwei Vorschläge, wie sich Peter wieder fitter fühlen könnte.
   Zum Beispiel **1. wenig geschlafen → ausschlafen**
   2. „schlechtes" Frühstück → gesundes Frühstück → Energie! 4

---

4. Worauf muss Peter bei der Führung seines Schnellhefters achten? Nenne zwei Beispiele. Was kann sonst passieren?
   Zum Beispiel **Ordentlichkeit und Vollständigkeit**
   → Schüler will sich vorbereiten, hat aber die Blätter nicht. 4

---

5. Peter will nach dem Lern-Drei-Sprung arbeiten.
   Beachte die Reihenfolge der Sprünge.
   1. Sprung: Durchlesen – Unterstreichen und Markieren der wichtigen Wörter
   2. Sprung: Mehrmals halblaut durchlesen – auf Stichwörter achten
   3. Sprung: Schwierig zu Merkendes noch einmal abschreiben – ein Bild daneben malen 3

20

IV. Literaturverzeichnis

GAUDIG, H: Freie geistige Schularbeit in Theorie & Praxis, Breslau 1922, In: GLÖCKEL, H.: Vom Unterricht, Bad Heilbrunn 1992.

GLÖCKEL, H./RABENSTEIN, R./DRESCHER, R./KREISELMEYER, H.: Vorbereitung des Unterrichts, Bad Heilbrunn 1992.

GLÖCKEL, H.: Vom Unterricht, Bad Heilbrunn 1992.

KAIL, G.: Gedächtnisentwicklung bei Kindern, Berlin 1989.

KLIPPERT, H.: Methodentraining. Übungsbausteine für den Unterricht, Weinheim 1996.

MIETZEL, G.: Psychologie in Unterricht und Erziehung. Einführung in die Pädagogische Psychologie für Pädagogen und Psychologen, Göttingen 1993.

NOLD, G.: Lernbedingungen und Lernstrategien. Welche Rolle spielen kognitive Verstehensstrukturen?, Tübingen 1992.

OERTER, R./MONTADA, L.: Entwicklungspsychologie, Weinheim 1995.

PW (PÄDAGOGISCHE WELT) 12/84, S. 757, In: LEMNITZER, K./WIATER, W.: Kompendium Schulrecht und Schulkunde in Bayern, Seelze Velber 1999, S. 76 f.

ROOST, H.: Handwörterbuch der Pädagogischen Psychologie, Weinheim 1998.

SARASIN, S.: Das Lernen und Lehren von Lernstrategien. Theoretische Hintergründe und eine empirische Untersuchung zur Theorie „Choreographien unterrichtlichen Lernens", Schriftenreihe Erziehung – Unterricht – Bildung, Band 38, Hamburg 1995.

SCHRÄDER-NAEF, R.: Schüler lernen Lernen. Vermittlung von Lern- und Arbeitstechniken in der Schule, Weinheim 1996.

WILD, K.-P./SCHIEFELE, U./WINTERLER, A.: LIST. Ein Verfahren zur Erfassung von Lernstrategien im Studium, Arbeiten zur Empirischen Pädagogik und Pädagogischen Psychologie Nr. 20, München 1992.

Weitere Literaturempfehlungen für Theorie und Praxis:

AFFELDT, M. et. al.: KIKO. Kinder konzentrieren sich. Klasse 1–6, Hannover 1998.

ANGERMEIER, W. F.: Lernpsychologie, München 1984.

ARBINGER, R./JÄGER, R. S.: Lernen lernen, Landau 1996.

BEYER, G.: So lernen Schüler leichter. Gedächtnis- und Konzentrationstraining, Düsseldorf 1987.

BREDENKAMP, J./WIPPICH, W.: Lern- und Gedächtnispsychologie, Band 1+2, Stuttgart 1977.

ENDRES, W./BERNARD, E.: So ist lernen Klasse, Weinheim 1996.

GAGE, N.-L./BERLINER, D. C.: Pädagogische Psychologie, Weinheim 1996.

KUGEMANN, F. W.: Kopfarbeit mit Köpfchen. Moderne Lerntechnik, München 1989.

LANDOLDT, H.: Erfolgreiches Lernen und Lehren, Band 19, Aarau 1995.

LEIPOLD, M.: KIKO. Kinder konzentrieren sich. Übungen mit Musik (CD). Klasse 1–6, Hannover 1998.

MANDL, H./FRIEDRICH H. F.: Lern- und Denkstrategien: Analyse und Intervention, Göttingen 1992.

MIETZEL, G.: Pädagogische Psychologie des Lernens und Lehrens, Göttingen 1998.

VESTER, F.: Denken, Lernen, Vergessen, München 1996.

VOLLMER, G./HOBERG, G.: Lern- und Arbeitsstrategien. Behalten – Verarbeiten – Anwenden, Stuttgart 1988.